Zen-Geist
Anfänger-Geist

Die Schriftzeichen für „Anfänger-Geist“
in der Kalligraphie von Shunryu Suzuki

Zen-Geist Anfänger-Geist

von

SHUNRYU SUZUKI

Meister des Zen Centers

von San Francisco und Carmel Valley

redigiert von Trudy Dixon
mit einer Vorbemerkung von Huston Smith
und einer Einführung von Richard Baker

aus dem Amerikanischen von Silvius Dornier
und Pirmin Ragg
Neubearbeitung von Susanne Schaup

Theseus Verlag

Titel der amerikansichen Originalausgabe
Zen Mind, Beginner's Mind,
Informal talks on Zen meditation and practice

Die Neubearbeitung von Susanne Schaup basiert auf der
First revisited edition der Originalausgabe, 1999
Shunryu Suzuki
Zen-Geist – Anfänger-Geist

Lektorat:	Ursula Richard, Karlheinz Bernhard Grunwald
Titelgestaltung:	Morian & Bayer-Eynck, Coesfeld
Kalligraphie:	Shunryu Suzuki
Foto:	Robert S. Boni
Gestaltung und Satz:	Günter Hennersdorf, LVD
Druck & Verarbeitung:	Westermann Druck Zwickau

www.kamphausen.media

Sonderausgabe 2016
Nachdruck 2020

Print: 978-3-95883-148-3
E-Book: 978-3-89901-935-3

Bibliografische Information der Deutschen Nationalbibliothek.
Die Deutsche Nationalbibliothek verzeichnet diese Publikation
in der Deutschen Nationalbibliografie; detaillierte bibliografische Daten
sind im Internet über http://dnb.d-nb.de abrufbar.

Dieses Buch wurde auf 100 % Altpapier gedruckt und ist alterungsbeständig.
Weitere Informationen hierzu finden Sie unter *www.kamphausen.media*

MEINEM LEHRER
GYOKUJUN SO-ON-DAIOSHO

INHALT

VORBEMERKUNG

Es gibt zwei Suzukis. Es war Daisetz T. Suzuki, der vor einem halben Jahrhundert den Zen-Buddhismus in den Westen brachte. Die historische Bedeutung dieser Verpflanzung aus der Kraft eines Einzelnen wurde mit den Übersetzungen von Aristoteles im 13. Jahrhundert und von Platon im 15. Jahrhundert ins Lateinische verglichen. Fünfzig Jahre später schuf Shunryu Suzuki etwas, das fast ebenso wichtig war. In diesem Buch, seinem einzigen*, schlug er genau den Ton an, den die an Zen interessierten Amerikaner nach dem ersten Suzuki nötig hatten.

Während das Zen von Daisetz T. Suzuki dramatisch war, war dasjenige von Shunryu Suzuki ganz alltäglich. Der Schwerpunkt für Daisetz war *satori*, und es war größtenteils die Faszination dieses außerordentlichen Zustands, der an seinen Schriften so fesselte. Im Buch von Shunryu Suzuki dagegen tauchen die Worte *satori* und *kensho*, Worte mit nahezu derselben Bedeutung, gar nicht auf.

Als ich vier Monate vor seinem Tode die Gelegenheit hatte, ihn zu fragen, warum *satori* in seinem Buch nicht vorkäme, beugte seine Frau sich zu mir und flüsterte schelmisch: „Weil er es nie erlebt hat", worauf ihr der Roshi in gespielter Verlegenheit einen Klaps mit seinem Fächer gab, den Finger auf den Mund legte und wisperte: „Pst! Sag's ihm nicht!" Als unser Lachen sich gelegt hatte, sagte er einfach: „Es ist nicht so, dass *satori* unwichtig wäre, aber es ist nicht der Teil von Zen, der betont werden sollte."

Suzuki Roshi weilte nur zwölf Jahre bei uns in Amerika – ein Dutzend Jahre oder, nach der ostasiatischen Weise, die Jahre zu

* 1998 erschien unter dem Titel *Leidender Buddha – Glücklicher Buddha. Zen-Unterweisungen zum Sandokai* ein weiteres Buch von Shunryu Suzuki im Theseus Verlag.

zählen, einen einzigen Zyklus –, aber es war genug. Durch die Arbeit dieses kleinen, stillen Mannes gibt es jetzt eine blühende Soto-Zen-Organisation auf unserem Kontinent. Sein Leben brachte den Soto-Weg so vollkommen zum Ausdruck, dass Mensch und Weg miteinander verschmolzen. „Seine Haltung des Nicht-Ich ließ keinen Raum für irgendeine Exzentrik, die wir hätten ausschmücken können. Obwohl er nichts von sich her machte und als Persönlichkeit im weltlichen Sinn keine Spuren hinterließ, sind seine Fußstapfen in der Welt der unsichtbaren Geschichte richtungweisend."** Sein bleibendes Vermächtnis sind das Zen Mountain Center von Tassajara, das erste Soto-Zen-Kloster im Westen; das ihm als Stadtzentrum zugeordnete Zen Center von San Francisco; und dieses Buch für die breitere Öffentlichkeit.

Er überließ nichts dem Zufall und bereitete seine Schülerinnen und Schüler auf den schwierigen Augenblick vor, in dem seine fühlbare Gegenwart in die Leere entschwinden würde:

„Wenn ich sterbe, wenn ich im Augenblick meines Sterbens leide, dann wisst, dass das in Ordnung ist. Das ist dann der leidende Buddha. Darin ist nichts Verwirrendes. Vielleicht wird jeder zu kämpfen haben, wegen der Qualen des Körpers und auch des Geistes, aber das ist in Ordnung. Kein Problem. Wir sollten sehr dankbar dafür sein, dass wir einen begrenzten Körper haben … wie meiner oder wie der eure. Wenn ihr ein unbegrenztes Leben hättet, dann hättet ihr ein echtes Problem."

Und er sicherte seine Nachfolge. In der Mountain-Seat-Zeremonie am 21. November 1971 setzte er Richard Baker als seinen Dharma-Nachfolger ein. Sein Krebsleiden war so weit fortgeschritten, dass er nur auf seinen Sohn gestützt in der feierlichen Prozession mitgehen konnte. Trotzdem stieß er bei jedem Schritt seinen Stock auf den Boden mit dem stählernen Zen-Willen, von dem seine sanfte äußere Erscheinung durchdrungen war. Baker nahm die Robe mit einem Gedicht in Empfang:

** Aus einem Nachruf von Mary Farkas in *Zen Notes*, publiziert vom First Zen Institute of America im Januar 1972.

Dieses Stück Weihrauch,
das ich schon seit langer, langer Zeit habe,
bringe ich dar mit keiner-Hand
meinem Meister Suzuki Shunryu Daiosho,
meinem Freund, dem Gründer dieser Tempel.
Was du bewirkt hast, ist ohne Maß.

Unsere Roben sind durchtränkt
von unserem Gang im sanften Regen des Buddha,
doch auf den Blättern des Lotos
haftet nicht ein Tropfen.

Zwei Wochen später war der Meister dahingegangen, und bei seiner Beerdigung am 4. Dezember sprach Baker Roshi zu der Menge, die sich versammelt hatte, um Shunryu Suzuki die letzte Ehre zu erweisen:

„Es ist nicht leicht, Lehrer oder Schüler zu sein, obgleich das die höchste Freude dieses Lebens sein muss. Es ist nicht leicht, in ein Land zu kommen, in dem es keinen Buddhismus gibt, und es zu verlassen, wenn man viele Schüler, Priester und Laien auf den Weg gebracht und das Leben von tausenden Menschen im ganzen Land verändert hat. Es ist nicht leicht, ein Kloster zu gründen, eine Stadtgemeinde und Übungszentren in Kalifornien und an vielen anderen Orten in den Vereinigten Staaten aufzubauen. Aber dieser nicht-leichte Weg, diese außerordentliche Leistung, war keine Bürde für ihn, denn er gab uns von seiner eigenen, wahren Natur, unserer wahren Natur. Er hinterließ uns so viel, wie nur irgendein Mensch vermag, alles, was wesentlich ist, den Geist und das Herz des Buddha, die Übungen des Buddha, die Lehre und das Leben des Buddha. Er ist hier in jedem von uns, wenn wir seiner bedürfen."

Huston Smith
Professor der Philosophie
Massachusetts Institute of Technology

EINFÜHRUNG

Für einen Schüler von Suzuki Roshi wird dieses Buch Suzuki Roshis Geist sein – nicht sein gewöhnlicher oder persönlicher Geist, sondern sein Zen-Geist, der Geist seines Lehrers Gyokujun So-on-daiosho, der Geist von Dogen Zenji, der Geist der gesamten historischen oder mythischen, unterbrochenen oder ununterbrochenen Reihenfolge der Lehrer, Patriarchen, Mönche und Laien von der Zeit des Buddha bis heute, und es wird der Geist von Buddha selbst sein, der Geist der Zen-Praxis. Für die meisten Leser wird dieses Buch jedoch ein Beispiel dafür sein, wie ein Zen-Meister spricht und lehrt. Es wird ein Buch der Unterweisung sein, wie man Zen praktiziert, über das Zen-Leben und die innere Einstellung und Einsicht, die Zen-Praxis möglich machen. Für jeden Leser wird dieses Buch eine Ermutigung sein, die eigene Natur, den eigenen Zen-Geist zu verwirklichen.

„Zen-Geist" ist eines jener geheimnisvollen Worte, die von Zen-Lehrern gebraucht werden, damit ich mich selbst wahrnehme, über Worte hinausgehe und mich frage: „Was ist mein eigener Geist, mein eigenes Sein?" Dies ist Sinn und Zweck jeder Zen-Unterweisung – dass ihr euch Fragen stellt und mit dem tiefsten Ausdruck eures Wesens darauf antwortet. Die Kalligraphie auf dem Einband bedeutet *nyorai* im Japanischen oder *tathagata* in Sanskrit. Dies ist eine Bezeichnung für den Buddha, und sie bedeutet „der dem Weg gefolgt ist, der aus der Soheit zurückgekehrt ist, der Soheit, Istigkeit, Leerheit ist, der Vollendete." Dies ist das Grundprinzip, welches das Erscheinen eines Buddha möglich macht. Das ist der Zen-Geist. Als Suzuki Roshi dieses Schriftzeichen kalligraphierte – als Pinsel benutzte er das zerfranste Ende eines langen, schwertförmigen Blattes der Yucca-Pflanze, die in den Bergen rund um das Zen Mountain Center wächst –, sagte er: „Dies bedeutet, dass Tathagata der Leib der ganzen Erde ist."

Die Praxis von Zen-Geist ist Anfänger-Geist. Die Unschuld der ersten Frage: „Was bin ich?" ist in der gesamten Zen-Praxis notwendig. Der Geist des Anfängers ist leer, frei von den Gewohnheiten des „Experten", bereit anzunehmen, zu zweifeln, und allen Möglichkeiten gegenüber offen. Es ist die Art von Geist, die die Dinge sehen kann, wie sie sind, die Schritt für Schritt und mit einem Schlag die ursprüngliche Natur aller Dinge zu erkennen vermag. Diese Praxis von Zen-Geist ist im ganzen Buch zu finden. Direkt, oder abgeleitet, berührt jeder Abschnitt dieses Buches die Frage, wie man in der Meditation und im Leben Anfänger-Geist bewahren kann. Dies ist eine uralte Art des Lehrens, mit Hilfe der einfachsten Sprache und der Situationen des täglichen Lebens. Das bedeutet, dass der Schüler sich selbst lehren soll.

„Anfänger-Geist" war ein Lieblingsausdruck von Dogen Zenji. Die Kalligraphie auf Seite 2, die ebenfalls von Suzuki Roshi stammt, bedeutet *shoshin* oder Anfänger-Geist. Der Zen-Weg der Kalligraphie besteht darin, dass man auf die allerdirekteste, einfachste Weise schreibt, als ob man ein Anfänger wäre, ohne zu versuchen, etwas gewandt oder schön zu machen, sondern einfach mit voller Aufmerksamkeit zu schreiben, als ob man das, was man niederschreibt, zum ersten Mal entdeckte. Dann liegt eure ganze Natur in eurer Schrift. Das ist, Augenblick für Augenblick, der Weg eurer Praxis.

Dieses Buch wurde konzipiert und initiiert von Marian Derby, einer Suzuki Roshi nahe stehenden Schülerin, die die Zen-Gruppe in Los Altos organisierte. Suzuki Roshi schloss sich der Zazen-Meditation dieser Gruppe ein- oder zweimal die Woche an, und nach jeder Meditationsrunde sprach er zu den Anwesenden, um sie in ihrer Übung zu ermutigen und ihnen bei ihren Problemen zu helfen. Marian nahm seine Reden auf Band auf und stellte bald fest, dass die Vorträge in dem Maße, wie sich die Gruppe entwickelte, eine Kontinuität und Entwicklung aufwiesen, die sich gut für ein Buch eignen und das dringende Bedürfnis nach einer Aufzeichnung von Suzuki Roshis bemerkenswertem Geist und seiner besonderen Lehrweise erfüllen würden. Aus ihrer Niederschrift der Vorträge, die über einen Zeitraum von mehreren Jahren gehalten wurden, stellte sie den ersten Entwurf des vorliegenden Buches zusammen.

Dann bearbeitete Trudy Dixon, ebenfalls eine mit Suzuki Roshi eng verbundene Schülerin, die viel Erfahrung als Redakteurin von *Wind Bells* (einer Publikation des Zen Centers) besaß, das Manuskript und bereitete die Herausgabe vor. Es ist keine leichte Aufgabe, ein Buch dieser Art herauszugeben. Eine Erläuterung, warum das so ist, wird für das Verständnis dieses Buches hilfreich sein. Suzuki Roshi geht den schwierigsten, jedoch überzeugendsten Weg, über den Buddhismus zu sprechen, indem er die alltäglichen Lebensumstände der Menschen einbezieht und die ganze Lehre in so einfachen Sätzen zu vermitteln sucht wie: „Trink eine Tasse Tee.“ Ein Herausgeber muss sich der tieferen Bedeutung solcher Aussagen bewusst sein, damit er nicht um der Klarheit oder der Grammatik willen den eigentlichen Sinn dieser Belehrungen wegredigiert. Ohne Suzuki Roshi gut zu kennen und schon mit ihm gearbeitet zu haben, ist es leicht möglich, dass aus denselben Gründen das Verständnis des Hintergrundes verloren geht, der seine Persönlichkeit, seine Energie oder sein Wille ist. Ebenso liegt die Gefahr nahe, dass damit der tiefere Geist des Lesers wegredigiert wird, der die Wiederholung, die scheinbar unstimmige Logik und die Poesie benötigt, um sich selbst zu erkennen. Abschnitte, die schwer verständlich oder allzu selbstverständlich erscheinen, leuchten oft ein, wenn sie sehr sorgfältig gelesen werden und man sich fragt, warum dieser Mann wohl so etwas gesagt hat.

Die Herausgabe wird noch komplizierter durch den Umstand, dass Englisch von seinen Grundvoraussetzungen her durch und durch dualistisch ist und nicht wie die japanische oder chinesische Sprache Jahrhunderte lang einen Weg ausbilden konnte, nichtdualistische buddhistische Vorstellungen auszudrücken. Suzuki Roshi handhabt dieses kulturell so unterschiedliche Vokabular ziemlich frei und drückt sich sowohl in japanischen wie westlichen Denkweisen aus. In seinen Vorträgen verschmelzen sie poetisch und philosophisch. Doch in einer schriftlichen Aufzeichnung gehen die Pausen, der Rhythmus und die Betonung, die seinen Worten ihren tieferen Sinn verleihen und seine Gedanken zusammenhalten, leicht verloren. Daher arbeitete Trudy viele Monate allein und mit Suzuki Roshi zusammen, um seine ursprünglichen Worte und deren Geschmack zu bewahren und trotzdem ein Manuskript herzustellen, das für den westlichen Menschen verständlich ist.

Trudy teilte das Buch nach Schwerpunkten in drei Teile ein – Rechte Praxis, Rechte Haltung und Rechtes Verstehen –, was in etwa Körper, Gefühl und Geist entspricht. Sie wählte auch die Überschriften für die einzelnen Vorträge und die Leitsprüche, die den Überschriften folgen, wobei letztere meistens dem Text der Vorträge entnommen sind. Diese Auswahl ist natürlich etwas willkürlich, aber Trudy tat dies, um zwischen den einzelnen Abschnitten, Überschriften und Leitsprüchen und den Vorträgen selbst eine Art von Spannung zu setzen. Die Beziehung zwischen den Vorträgen und diesen hinzugefügten Elementen wird dem Leser helfen, die Vorträge genauer zu ergründen. Die einzige Rede, die nicht ursprünglich vor der Gruppe von Los Altos gehalten wurde, ist der Epilog, der eine Zusammenfassung zweier Vorträge darstellt, die gehalten wurden, als das Zen Center seinen neuen Hauptsitz in San Francisco bezog.

Kurz nachdem sie die Arbeit an diesem Buch abgeschlossen hatte, starb Trudy im Alter von dreißig Jahren an Krebs. Sie hinterließ zwei Kinder, Annie und Will, und ihren Ehemann Mike, der Maler ist. Von ihm stammt die Zeichnung der Fliege auf Seite 77. Er ist selbst langjähriger Zen-Schüler, und als er um einen Beitrag für dieses Buch gebeten wurde, sagte er: „Eine Zen-Zeichnung kann ich nicht machen. Ich kann nicht anders zeichnen als um des Zeichnens willen. Ich kann mir überhaupt nicht vorstellen, dass ich *zafu* (Meditationskissen) oder Lotosblumen oder solches Zeug male. Aber diese Idee hier kann ich mir vorstellen." In Mikes Bildern kommt öfters eine realistische Fliege vor. Suzuki Roshi mag

Frösche gern, die so still dasitzen, als würden sie schlafen, und doch so wachsam sind, dass sie jedes Insekt in ihrer Nähe bemerken. Vielleicht wartet die Fliege auf einen Frosch.

Trudy und ich arbeiteten auf mehrfache Weise an *Zen-Geist – Anfänger-Geist* zusammen, und sie bat mich, es fertig zu redigieren, die Einführung zu schreiben und mich um die Veröffentlichung zu kümmern. Nachdem ich verschiedene Verlage erwogen hatte, fand ich, dass John Weatherhill, Inc., mit Meredith Weatherby und Audie Bock, in der Lage sein würden, dieses Buch in genau der Weise fertig zu stellen, zu gestalten und herauszubringen, wie es sein sollte. Vor der Drucklegung wurde das Manuskript von Prof. Kogen Mizuno, dem Leiter des Institus für Buddhistische Studien an der Komazawa Universität, einem herausragenden Gelehrten und Kenner des indischen Buddhismus, gelesen. Bei der Transkription der buddhistischen Fachausdrücke aus dem Sanskrit und dem Japanischen war er in großzügiger Weise behilflich.

Suzuki Roshi sprach selten über seine Vergangenheit, nur ab und zu in seinen Vorträgen, aber so viel konnte ich zusammenfügen: Er war Schüler von Gyokujun So-on-daioshi. Er hatte auch andere Lehrer, von denen der einflussreichste Kishizawa Ian Roshi war, eine führende Dogen-Autorität, über den er Vorlesungen hielt. Kishizawa Roshi betonte ein tiefes, sorgfältiges Verständnis von Dogen, den Koans – insbesondere der „Niederschrift der Smaragdenen Felswand" – sowie der Sutren. Suzuki Roshi war zwölf Jahre alt, als er unter Gyokujun, einem Schüler seines Vaters, seine Ausbildung begann. Nachdem er jahrelang bei seinem Lehrer gelebt hatte, setzte er seine Praxis und seine Studien in Komazawa, einer buddhistischen Universität fort, sowie in den beiden bedeutendsten Soto-Ausbildungsklöstern, Eiheiji und Sojiji. Eine Zeit lang studierte er auch bei einem Rinzai-Lehrer. Gyokujun Roshi starb, als Suzuki dreißig Jahre alt war. Dadurch hatte er schon in ziemlich jungen Jahren die Verantwortung für den Tempel seines Vaters (der kurz vor Gyokujun starb) und den Tempel seines Lehrers. Dieser letztere, Rinsoin, war ein kleines Kloster und der Haupttempel für etwa zweihundert andere Tempel. Eine von Suzuki Roshis wesentlichen Aufgaben war der Wiederaufbau von Rinsoin in der ursprünglichen Tradition, wie sein Lehrer und er das wünschten.

Er leitete Diskussionsgruppen in Rinsoin, die den militärischen Geist und die daraus resultierenden Handlungsweisen in jener Zeit in Frage stellten, was im Japan der 30er und 40er Jahre ganz ungewöhnlich war. Schon vor dem Krieg, seit seiner Jugend, wollte er gerne nach Amerika fahren, hatte diesen Wunsch aber auf Drängen seines Lehrers hin aufgegeben. Aber 1956 und erneut 1958 hatte ein Freund, einer der führenden Persönlichkeiten der Soto-Schule, ihn nachdrücklich gebeten, nach San Francisco zu gehen, um dort die japanische Soto-Gemeinde zu leiten. Bei der dritten Bitte stimmte Suzuki Roshi zu.

Im Jahre 1959 im Alter von fünfundfünfzig Jahren, kam er in die USA. Nachdem er seine Rückkehr nach Japan mehrmals verschoben hatte, entschloss er sich, in Amerika zu bleiben. Er blieb, weil er fand, dass die Amerikaner einen Anfänger-Geist besitzen, dass sie wenig Vorurteile gegenüber Zen haben, dass sie vielmehr aufgeschlossen sind und zuversichtlich glauben, dass Zen ihrem Leben helfen kann. Er fand, dass sie an Zen Fragen stellen, die Zen lebendig machen. Kurz nach seiner Ankunft kamen einige Leute vorbei und fragten, ob sie bei ihm Zen studieren könnten. Er sagte ihnen, dass er jeden Morgen in der Früh Zazen praktiziere und dass sie sich ihm anschließen könnten, wenn sie wollten. Seither ist eine ziemlich große Zen-Gruppe um ihn herum entstanden, die sich heute auf sechs verschiedene Orte in Kalifornien verteilt. Er verbringt gegenwärtig einen Großteil seiner Zeit im Zen Center von San Francisco, Page Street 300, wo etwa sechzig Schüler leben und noch weitaus mehr regelmäßig Zazen sitzen, sowie im Zen Mountain Center von Tassajara Springs über dem Carmel Valley. Dies ist das erste Zen-Kloster in Amerika, und dort leben und praktizieren etwa sechzig weitere Schüler für einen Zeitraum von drei Monaten oder länger.

Trudy war der Ansicht, mehr als alles andere würde es den Lesern helfen, diese Vorträge zu verstehen, wenn sie verstünden, wie Zen-Schüler ihrem Lehrer gegenüber eingestellt sind. Was der Lehrer dem Schüler anbietet, ist der buchstäblich lebende Beweis dafür, dass alle diese Lehren und die scheinbar unerreichbaren Ziele in diesem Leben verwirklicht werden können. Je tiefer ihr in eure Praxis eintaucht, als umso tiefer werdet ihr den Geist des Lehrers entdecken, bis ihr schließlich erkennt, dass euer Geist und sein Geist der Geist Buddhas sind. Und dann stellt ihr fest, dass Zazen der vollkommenste Ausdruck eurer wahren Natur ist.

Die folgende, von Trudy stammende Würdigung ihres Meisters beschreibt sehr gut das Verhältnis zwischen Zen-Lehrer und Zen-Schüler:

„Ein Roshi ist ein Mensch, der die in allen Menschen angelegte, vollkommene Freiheit verwirklicht hat. Er existiert frei in der Fülle seines ganzen Seins. Der Strom seines Bewusstseins folgt nicht den fixierten, sich wiederholenden Mustern unseres gewöhnlichen selbstbezogenen Bewusstseins, sondern entspringt vielmehr spontan und natürlich den tatsächlichen Umständen der Gegenwart. Die Auswirkungen dessen auf die Qualität seines Lebens sind außerordentlich – Spannkraft, Vitalität, Direktheit, Einfachheit, Demut, Gelassenheit, Heiterkeit, unheimliche Scharfsichtigkeit und grenzenloses Mitgefühl. Sein ganzes Sein bezeugt, was es bedeutet, in der Wirklichkeit der Gegenwart zu leben. Ohne dass irgendetwas gesagt oder getan worden wäre, kann die bloße Begegnung mit einer so hoch entwickelten Persönlichkeit genügen, den ganzen Lebensweg eines Menschen zu ändern. Aber letzten Endes ist es nicht die Außergewöhnlichkeit des Lehrers, die den Schüler verblüfft, fesselt und in die Tiefe führt, sondern die völlige Natürlichkeit, Alltäglichkeit des Lehrers. Weil er einfach er selbst ist, ist er für seine Schüler ein Spiegel. Wenn wir mit ihm zusammen sind, empfinden wir unsere eigenen Stärken und Schwächen, ohne ein Gefühl von Lob oder Tadel von ihm zu spüren. In seiner Gegenwart sehen wir unser ursprüngliches Gesicht, und das Außergewöhnliche, das wir sehen, ist nur unsere eigene wahre Natur.

Wenn wir lernen, unsere eigene Natur freizusetzen, verschwinden die Grenzen zwischen Meister und Schüler in einem tiefen Strom des Seins und der Freude in der Entfaltung des Buddha-Geistes.“

Richard Baker
Kyoto, 1970

ZEN-GEIST
ANFÄNGER-GEIST

Es ist Weisheit,
die nach Weisheit sucht.

Anfänger-Geist

Im Anfänger-Geist gibt es viele Möglichkeiten, im Geist des Experten nur wenige.

Die Leute sagen, es sei schwierig, Zen zu praktizieren, aber sie missverstehen die Gründe. Es ist nicht deshalb schwierig, weil es schwer ist, in der Haltung mit gekreuzten Beinen zu sitzen oder Erleuchtung zu erlangen. Es ist schwierig, weil es uns schwer fällt, unseren Geist und unsere Praxis im ursprünglichen Sinn rein zu halten. Nachdem Zen in China eingeführt wurde, entfaltete sich die Zen-Schule auf mannigfache Weise, wurde aber gleichzeitig mehr und mehr unrein. Doch ich möchte nicht über das chinesische Zen oder die Geschichte des Zen sprechen. Ich möchte euch vielmehr dabei helfen zu vermeiden, dass eure Übung unrein wird.

In Japan verwenden wir den Ausdruck *shoshin*, das heißt „Anfänger-Geist". Das Ziel der Übung ist immer, unseren Anfänger-Geist zu bewahren. Wenn ihr zum Beispiel das Prajnaparamita-Sutra nur einmal rezitiert, so ist das vielleicht eine sehr gute Rezitation. Aber was würde passieren, wenn ihr es zweimal, dreimal, viermal oder noch öfter rezitiert? Dann verliert ihr leicht eure ursprüngliche Einstellung dazu. Dasselbe geschieht bei euren anderen Zen-Übungen. Eine Weile bewahrt ihr euren Anfänger-Geist, aber wenn ihr ein Jahr, zwei, drei oder mehr Jahre weiterübt, werdet ihr zwar vielleicht etwas vorankommen, aber ihr seid in Gefahr, die grenzenlose Bedeutung des ursprünglichen Geistes zu verlieren.

Für Zen-Schüler ist es das Wichtigste, nicht dualistisch zu sein. Unser „ursprünglicher Geist" enthält alles in sich. Er ist immer reich und genügt sich selbst. Diesen euren selbstgenügsamen Geisteszustand solltet ihr nicht verlieren. Damit ist kein verschlossener Geist gemeint, sondern dass er wirklich leer und bereit ist. Wenn euer Geist leer ist, ist er stets für alles bereit; er ist offen für alles. Im Anfänger-Geist gibt es viele Möglichkeiten, im Geist des Experten nur wenige.

Wenn ihr zu viele Unterscheidungen trefft, begrenzt ihr euch selbst. Wenn ihr zu viel verlangt oder zu gierig seid, ist euer Geist nicht reich und selbstgenügsam. Wenn wir unseren ursprünglichen selbstgenügsamen Geist verlieren, gehen uns unsere Grundsätze und Gebote verloren. Wenn euer Geist fordernd wird, wenn euch nach etwas verlangt, werdet ihr schließlich gegen eure eigenen Gebote verstoßen: nicht zu lügen, nicht zu stehlen, nicht zu töten, nicht unmoralisch zu sein, und so fort. Wenn ihr euren ursprünglichen Geist bewahrt, dann halten eure Gebote sich selbst ein.

Im Anfänger-Geist gibt es keinen Gedanken: „Ich habe etwas erreicht." Alle selbstbezogenen Gedanken grenzen unseren unendlich weiten Geist ein. Wenn wir nicht daran denken, etwas zu erreichen, nicht an uns selbst denken, sind wir wahre Anfänger. Dann können wir wirklich etwas lernen. Der Geist des Anfängers ist der Geist des Mitgefühls. Wenn unser Geist mitfühlend ist, ist er grenzenlos. Dogen Zenji, der Begründer unserer Schule, betonte immer, wie wichtig es ist, unseren ursprünglichen, grenzenlosen Geist wiederzugewinnen. Dann sind wir zu uns selbst immer wahrhaftig, dann fühlen wir mit allen Wesen und können wirklich praktizieren.

Das ist also das Schwierigste, immer den Anfänger-Geist beizubehalten. Es ist nicht notwendig, ein tiefes Verständnis von Zen zu haben. Auch wenn ihr noch so viel Zen-Literatur lest, ihr müsst jeden Satz mit einem frischen Geist lesen. Ihr solltet nicht sagen: „Ich weiß, was Zen ist", oder „Ich habe Erleuchtung erlangt." Das ist auch das eigentliche Geheimnis der Künste: Immer ein Anfänger zu sein. Seid hierbei sehr, sehr sorgfältig. Wenn ihr beginnt, Zazen zu praktizieren, werdet ihr anfangen, euren Anfänger-Geist zu schätzen. Er ist das Geheimnis der Zen-Praxis.

TEIL EINS

RECHTE PRAXIS

Die Praxis von Zazen ist der direkte Ausdruck unserer wahren Natur. Genau genommen gibt es für einen Menschen keine andere Praxis als diese Praxis. Es gibt keine andere Lebensweise als diese Lebensweise.

Haltung

Diese Formen sind kein Mittel, den rechten Geisteszustand zu erlangen. Diese Haltung einzunehmen bedeutet, den rechten Geisteszustand zu haben. Es ist nicht nötig, einen besonderen Geisteszustand zu erlangen.

Nun möchte ich über unsere Zazen-Haltung sprechen. Wenn ihr die volle Lotos-Position einnehmt, dann liegt euer linker Fuß auf eurem rechten Oberschenkel und euer rechter Fuß auf dem linken Oberschenkel. Wenn wir unsere Beine auf diese Weise kreuzen, dann sind sie eins geworden, obgleich wir ein rechtes Bein und ein linkes Bein haben. Diese Haltung bringt die Einheit der Dualität zum Ausdruck: nicht zwei und nicht eins. Das ist die wichtigste Lehre: nicht zwei und nicht eins. Unser Körper und Geist sind nicht zwei und nicht eins. Wenn ihr denkt, euer Körper und Geist seien zwei, dann ist das falsch; wenn ihr denkt, sie seien eins, so ist das auch falsch. Unser Körper und Geist sind zwei *und* eins. Wir denken gewöhnlich, dass etwas, das nicht eins ist, mehr als eins sein muss; wenn es nicht Singular ist, ist es Plural. Doch in der tatsächlichen Erfahrung ist unser Leben nicht nur Plural, sondern auch Singular. Jeder von uns ist abhängig und unabhängig zugleich.

In ein paar Jahren werden wir sterben. Wenn wir bloß denken, dass dies das Ende unseres Lebens ist, ist das ein falsches Verständnis. Andererseits, wenn wir denken, dass wir nicht sterben werden, ist das auch falsch. Wir sterben, und wir sterben nicht. Das ist das rechte Verständnis. Manche mögen sagen, dass unser Geist oder unsere Seele ewig sind und dass nur unser physischer Körper stirbt. Doch das ist nicht ganz richtig, weil beide, Geist und Körper, ihr Ende haben. Aber zugleich ist es auch wahr, dass sie ewig existieren. Und obwohl wir von Geist und Körper sprechen, sind sie in Wirklichkeit zwei Seiten einer Münze. Das ist das rechte Verständnis. Wenn wir also diese Haltung einnehmen, symbolisiert das diese Wahrheit. Wenn mein linker Fuß auf der rechten Seite meines Körpers ist und mein rechter Fuß auf der linken Seite, weiß ich nicht, welche welche ist. Jede von beiden kann die linke oder die rechte Seite sein.

Das Wichtigste beim Einnehmen der Zazen-Haltung ist, die Wirbelsäule gerade zu halten. Eure Ohren und Schultern sollten auf einer Linie sein. Entspannt eure Schultern und streckt euren Hinterkopf zur Decke. Zieht euer Kinn etwas ein, denn wenn ihr euer Kinn vorschiebt, habt ihr keine Kraft in eurer Haltung. Dann döst ihr wahrscheinlich. Um Kraft in eurer Haltung zu bekommen, müsst ihr euer Zwerchfell nach unten drücken gegen euer *hara*, den Unterbauch. Das hilft euch, euer körperliches und geistiges Gleichgewicht zu bewahren. Wenn ihr versucht, in dieser Haltung zu bleiben, habt ihr anfangs vielleicht einige Schwierigkeiten, auf natürliche Weise zu atmen, aber wenn ihr euch daran gewöhnt habt, werdet ihr imstande sein, natürlich und tief zu atmen.

Eure Hände sollten das „kosmische Mudra" bilden. Wenn ihr eure linke Hand auf die rechte legt, so dass die mittleren Gelenke eurer Mittelfinger aufeinander liegen und die Daumen sich leicht berühren (als ob ihr zwischen ihnen ein Blatt Papier hieltet), werden eure Hände ein schönes Oval bilden. Dieses kosmische Mudra solltet ihr mit großer Sorgfalt bewahren, so als hieltet ihr etwas sehr Kostbares in der Hand. Eure Hände sollten am Körper gehalten werden, die Daumen etwa in der Höhe des Nabels. Haltet eure Arme locker und entspannt, ein wenig entfernt von eurem Körper, als würdet ihr unter jedem Arm ein Ei halten, ohne es zu zerdrücken.

Ihr solltet nicht schräg zur Seite, nach hinten oder nach vorne geneigt sein. Ihr solltet aufrecht sitzen, als würdet ihr den Himmel mit eurem Kopf stützen. Dies ist nicht einfach Form oder Atem. Es drückt den Angelpunkt des Buddhismus aus. Es ist ein vollkommener Ausdruck eurer Buddha-Natur. Wenn ihr den Buddhismus wirklich verstehen wollt, dann solltet ihr auf diese Weise üben. Diese

Formen sind kein Mittel den rechten Geisteszustand zu erlangen. Diese Haltung einzunehmen ist der Zweck unserer Praxis. Wenn ihr diese Haltung einnehmt, habt ihr bereits den rechten Geisteszustand, also ist es nicht nötig, dass ihr versucht, einen besonderen Zustand zu erreichen. Wenn ihr versucht, etwas zu erreichen, dann beginnt euer Geist irgendwo umherzuwandern. Wenn ihr nicht versucht, irgendetwas zu erreichen, dann seid ihr mit eurem Körper und Geist ganz hier. Ein Zen-Meister würde sagen: „Töte den Buddha!" Tötet den Buddha, wenn der Buddha irgendwo anders ist. Tötet den Buddha, denn ihr sollt eure eigene Buddha-Natur wiedergewinnen!

Etwas tun heißt, unsere eigene Natur zum Ausdruck zu bringen. Wir leben nicht um einer anderen Sache willen. Wir leben um unserer selbst willen. Dies ist die grundlegende Lehre, die in den Formen, die wir einhalten, zum Ausdruck kommt. Ebenso wie für das Sitzen haben wir auch einige Regeln für das Stehen im Zendo. Doch diese Regeln haben nicht den Zweck, jedermann gleich zu machen, sondern jedem zu gestatten, sein eigenes Selbst ganz frei auszudrücken. So hat zum Beispiel jeder von uns seine eigene Art zu stehen, also beruht unsere Steh-Haltung auf den Proportionen unseres Körpers. Wenn ihr steht, sollten eure Fersen die Breite eurer Faust auseinander sein und eure großen Zehen eine Linie mit euren Brustwarzen bilden. Macht euren Unterleib kräftig wie im Zazen. Auch eure Hände sollten hier euer Selbst zum Ausdruck bringen. Haltet die linke Hand an den Brustkorb, wobei die Finger den Daumen umschließen, und legt die rechte Hand darüber. Wenn ihr den Daumen nach unten gerichtet haltet und die Unterarme parallel zum Boden, dann habt ihr das Gefühl, als würdet ihr eine runde Säule umfassen – eine große, runde Tempelsäule –, so dass ihr nicht zusammensinken oder euch zur Seite neigen könnt.

Das Wichtigste ist, dass ihr euren physischen Körper in Besitz nehmt. Wenn ihr zusammensinkt, verliert ihr euer Selbst. Euer Geist wird irgendwo umherwandern; ihr werdet nicht in eurem Körper sein. Dies ist nicht der Weg. Wir müssen hier existieren, jetzt! Das ist der entscheidende Punkt. Ihr müsst euren eigenen Körper und

Geist einnehmen. Alles sollte am rechten Ort, in der rechten Weise existieren. Dann gibt es kein Problem. Wenn das Mikrophon, das ich zum Sprechen benutze, irgendwo anders ist, kann es seinen Zweck nicht erfüllen. Wenn wir unseren Körper und Geist in Ordnung haben, wird auch alles andere am rechten Ort und in der rechten Weise existieren.

Doch ohne es zu merken, versuchen wir gewöhnlich, etwas anderes als uns selbst zu verändern, die Dinge außerhalb von uns in Ordnung zu bringen. Aber es ist unmöglich, die Dinge zu organisieren, wenn ihr selbst nicht in Ordnung seid. Wenn ihr etwas auf rechte Weise, zur rechten Zeit tut, kommt alles andere in Ordnung. Ihr seid der „Boss". Wenn der Boss schläft, schlafen alle. Wenn der Boss etwas richtig macht, machen alle alles richtig und zur richtigen Zeit. Das ist das Geheimnis des Buddhismus.

Versucht also, immer die richtige Haltung zu bewahren, nicht nur wenn ihr Zazen übt, sondern in allen euren Aktivitäten. Nehmt die rechte Haltung ein, wenn ihr Auto fahrt und wenn ihr lest. Wenn ihr in einer zusammengesunkenen Haltung lest, könnt ihr nicht lange wach bleiben. Versucht es einmal. Ihr werdet feststellen, wie wichtig es ist, in der rechten Haltung zu bleiben. Das ist die wahre Lehre. Die auf Papier geschriebene Lehre ist nicht die wahre Lehre. Die geschriebene Lehre ist eine Art Nahrung für euer Gehirn. Natürlich ist es nötig, euer Gehirn mit etwas Nahrung zu versorgen, aber wichtiger ist es, ihr selbst zu sein, indem ihr die rechte Lebensweise praktiziert.

Deshalb konnte der Buddha die zu seiner Zeit existierenden Religionen nicht annehmen. Er studierte viele Religionen, aber ihre Praxis befriedigte ihn nicht. Er konnte weder in der Askese noch in den philosophischen Systemen die Antwort finden. Er war nicht an einer metaphysischen Existenz interessiert, sondern an seinem eigenen Körper und Geist, hier und jetzt. Und als er sich selbst fand, erkannte er, dass alles, was existiert Buddha-Natur besitzt. Das war seine Erleuchtung. Erleuchtung ist nicht irgendein angenehmes Gefühl oder ein besonderer Geisteszustand. Der Geisteszustand, der besteht, wenn ihr in der richtigen Haltung sitzt, ist selbst Erleuchtung. Wenn euch der Geisteszustand, den ihr im Zazen habt, nicht befriedigt, dann heißt das, dass euer Geist noch umherwandert. Unser Körper und unser Geist sollten aber nicht schwanken oder umherschweifen. In dieser Haltung ist es nicht nötig, vom rechten Geisteszustand zu sprechen. Ihr habt ihn schon. Darin ist der ganze Buddhismus enthalten.

Atmen

Was wir „Ich" nennen, ist nur eine Schwingtür, die sich bewegt, wenn wir einatmen und ausatmen.

Wenn wir Zazen praktizieren, folgt unser Geist immer unserem Atem. Wenn wir einatmen, tritt die Luft in die innere Welt ein; wenn wir ausatmen, geht die Luft hinaus in die äußere Welt. Die innere Welt ist ohne Grenzen, und auch die äußere Welt ist ohne Grenzen. Wir sagen „innere Welt" oder „äußere Weilt", aber in Wirklichkeit gibt es einfach nur eine ganze Welt. In dieser grenzenlosen Welt ist unsere Kehle wie eine Schwingtür. Die Luft kommt herein und geht hinaus, wie jemand, der durch eine Schwingtür tritt. Wenn ihr denkt „Ich atme", ist dieses „Ich" ein Zusatz. Es gibt niemanden, der „ich" sagen könnte. Was wir „Ich" nennen, ist nur eine Schwingtür, die sich bewegt, wenn wir einatmen und ausatmen. Sie bewegt sich einfach, das ist alles. Wenn euer Geist rein und ruhig genug ist, nur dieser Bewegung zu folgen, ist nichts da: kein „Ich", keine Welt, weder Geist noch Körper; nichts als eine Schwingtür.

Wenn wir also Zazen praktizieren, existiert daher nur die Bewegung des Atmens, aber wir sind dieser Bewegung gewahr. Ihr solltet nicht geistesabwesend sein. Doch der Bewegung gewahr zu sein heißt nicht, eures kleinen Ichs gewahr zu sein, sondern eurer universellen Natur oder Buddha-Natur gewahr zu sein. Diese Art des Gewahrseins ist sehr wichtig, weil wir üblicherweise so einseitig sind. Unser gewöhnliches Lebensverständnis ist dualistisch: du und ich, dies und das, Gut und Böse. Doch in Wirklichkeit sind diese Unterscheidungen selbst die Wahrnehmung der universellen Existenz. „Du" bedeutet, dass ihr des Universums in der Gestalt eines Du gewahr seid; und „ich" bedeutet, dass ihr des Universums in der Gestalt des Ich gewahr seid. Du und Ich sind nur Schwingtüren. Diese Art von Verständnis ist notwendig. Es sollte nicht einmal Verständnis genannt werden, tatsächlich ist es die wahre Erfahrung des Lebens durch die Praxis von Zen.

Wenn ihr also Zazen praktiziert, gibt es keine Vorstellung von Zeit oder Raum. Ihr könnt sagen: „Um viertel vor sechs haben wir in diesem Zimmer angefangen zu sitzen." Ihr habt also eine Vorstellung von Zeit (viertel vor sechs) und eine Vorstellung von Raum (in diesem Zimmer). Was ihr aber tatsächlich tut, ist einfach sitzen und der universellen Aktivität gewahr sein, das ist alles. In diesem Moment öffnet sich die Schwingtür in eine Richtung, und im nächsten Augenblick wird die Schwingtür sich in die entgegengesetzte Richtung öffnen. Augenblick für Augenblick wiederholt jeder von uns diese Aktivität. Hier gibt es keine Vorstellung von Zeit oder Raum. Zeit und Raum sind eins. Ihr könnt wohl sagen: „Ich muss heute Nachmittag etwas tun", doch in Wirklichkeit gibt es dieses „heute Nachmittag" nicht. Wir tun die Dinge eins nach dem anderen. Das ist alles. Es gibt keine Zeit wie „heute Nachmittag" oder „ein Uhr" oder „zwei Uhr". Um ein Uhr werdet ihr zu Mittag essen. Mittag zu essen ist selbst „ein Uhr". Ihr werdet irgendwo sein, aber dieser Ort ist nicht zu trennen von „ein Uhr". Für jemanden, der das Leben wirklich zu würdigen weiß, sind sie ein und dasselbe. Aber wenn das Leben uns ermüdet, sagen wir vielleicht: „Ich hätte nicht hierher kommen sollen. Es wäre vielleicht viel besser gewesen, wenn ich anderswohin zum Mittagessen gegangen wäre. Dieser Ort ist nicht so gut." Damit schafft ihr in eurem Geist eine Vorstellung von einem Ort, der von der wirklichen Zeit getrennt ist.

Oder ihr könntet sagen: „Das ist schlecht, deshalb sollte ich es nicht tun." Aber in Wirklichkeit, wenn ihr „Das sollte ich nicht tun" sagt, tut ihr in diesem Augenblick Nicht-Tun. So gibt es keine Wahl für euch. Wenn ihr die Vorstellungen von Zeit und Raum voneinander trennt, kommt es euch vor, als ob ihr eine Wahl hättet, doch in Wirklichkeit habt ihr entweder etwas zu tun, oder ihr habt Nicht-Tun zu tun. Etwas nicht-tun heißt etwas tun. Gut und schlecht gibt es nur in eurem Geist. Deshalb sollten wir nicht sagen: „Das ist gut" oder „Das ist schlecht". Statt „schlecht" solltet ihr sagen „nicht-tun"! Wenn ihr denkt: „Das ist schlecht", wird das nur Verwirrung schaffen. Im Reich der reinen Religion gibt es keine

Verwirrung von Zeit und Raum oder Gut und Schlecht. Wir sollten einfach nur das tun, was gerade ansteht. Etwas *tun*! Was immer es sei, wir sollten es tun, auch wenn es darin besteht, etwas nicht-zu-tun. Wir sollten in diesem Augenblick leben. Also konzentrieren wir uns, wenn wir sitzen, auf unseren Atem und werden zu einer Schwingtür, und wir tun etwas, das wir tun sollten, etwas, das wir tun müssen. Das ist Zen-Praxis. In dieser Praxis gibt es keine Verwirrung. Wenn ihr darauf euer Leben gründet, wird es für euch überhaupt keine Verwirrung geben.

Tozan, ein berühmter Zen-Meister, sagte: „Der blaue Berg ist der Vater der weißen Wolke. Die weiße Wolke ist der Sohn des blauen Berges. Den ganzen Tag lang sind sie aufeinander bezogen, bedingen sie sich gegenseitig, ohne voneinander abhängig zu sein. Die weiße Wolke ist immer die weiße Wolke. Der blaue Berg ist immer der blaue Berg." Dies ist eine reine, klare Darstellung des Lebens. Es gibt wohl viele Dinge wie die weiße Wolke und den blauen Berg: Mann und Frau, Lehrer und Schüler. Sie bedingen einander. Aber die weiße Wolke sollte sich nicht vom blauen Berg aus der Ruhe bringen lassen. Der blaue Berg sollte sich nicht von der weißen Wolke aus der Ruhe bringen lassen. Sie sind ganz unabhängig, aber doch aufeinander bezogen, einander bedingend. So leben wir, und so praktizieren wir Zazen.

Wenn wir wirklich wir selbst werden, werden wir einfach eine Schwingtür und dann sind wir vollkommen unabhängig von allen Dingen, und doch bedingt von allem anderen. Ohne Luft können wir nicht atmen. Jeder von uns befindet sich inmitten von Myriaden von Welten. Wir sind, Augenblick für Augenblick, immer im Mittelpunkt der Welt. So sind wir völlig abhängig und unabhängig. Wenn ihr diese Art von Erfahrung habt, diese Art von Existenz, dann habt ihr vollständige Unabhängigkeit, und nichts wird euch mehr aus der Ruhe bringen. Wenn ihr also Zazen praktiziert, sollte euer Geist auf euren Atem konzentriert sein. Diese Art von Aktivität ist die grundlegende Aktivität der universellen Natur. Ohne diese Erfahrung, ohne diese Praxis ist es unmöglich, absolute Freiheit zu gewinnen.

Kontrolle

Wenn ihr euer Schaf oder eure Kuh unter Kontrolle halten wollt, gebt ihnen eine große, weite Wiese.

Im Reich der Buddha-Natur zu leben heißt, in jedem Augenblick als kleines Wesen zu sterben. Wenn wir unser Gleichgewicht verlieren, sterben wir, aber gleichzeitig wachsen wir auch und entwickeln uns. Alles, was wir sehen, verwandelt sich, verliert sein Gleichgewicht. Dass alles schön aussieht, liegt daran, dass es aus dem Gleichgewicht ist, aber sein Hintergrund ist immer in vollkommener Harmonie. Auf diese Weise existiert alles im Reich der Buddha-Natur, indem es sein Gleichgewicht verliert vor einem Hintergrund des vollkommenen Gleichgewichts. Wenn ihr also die Dinge seht, ohne den Hintergrund der Buddha-Natur zu erkennen, erscheint alles in der Form des Leidens. Wenn ihr jedoch den Hintergrund allen Seins versteht, begreift ihr, dass das Leiden an sich die Art ist, wie wir leben und unser Leben ausrichten. Deshalb betonen wir im Zen manchmal das Ungleichgewicht und die Unordnung des Lebens.

Heutzutage ist die traditionelle japanische Malerei ziemlich formal und leblos geworden. Aus diesem Grund hat sich die moderne Kunst entwickelt. Die Maler der alten Zeit übten sich darin, Punkte in künstlerischer Unordnung auf das Papier zu setzen. Das ist ziemlich schwierig. Versucht es einmal, aber was dabei herauskommt, ist gewöhnlich irgendetwas Geordnetes. Ihr glaubt, ihr könnt das kontrollieren, aber ihr könnt es nicht. Es ist fast unmöglich, die Punkte ohne Ordnung zu setzen. Dasselbe gilt, wenn ihr euch um euer tägliches Leben kümmert. Selbst wenn ihr versucht, Menschen ein wenig unter Kontrolle zu bekommen, ist dies nicht möglich. Es geht einfach nicht. Die beste Art, Menschen zu kontrollieren, ist die, dass ihr sie ermuntert, Unfug zu treiben. Dann werdet ihr sie in einem umfassenden Sinne unter Kontrolle haben. Wenn ihr euer Schaf oder eure Kuh unter Kontrolle halten wollt, gebt ihnen eine große, weite Wiese. Genau so ist es mit Menschen: Lasst sie zuerst tun, was sie wollen, und gebt auf sie Acht. Das ist die beste Methode. Sie nicht zu beachten ist nicht gut; das wäre die schlechteste Methode. Das Zweitschlechteste ist der Versuch, sie unter Kontrolle zu bringen. Das Beste ist, auf sie Acht zu geben, einfach nur auf sie zu achten, ohne sie kontrollieren zu wollen.

So könnt ihr auch bei euch selbst verfahren. Wenn ihr in eurem Zazen vollkommene Ruhe gewinnen wollt, dürft ihr euch von den verschiedenen Bildern, die euch imKopf herumschwirren, nicht aus der Ruhe bringen lassen. Lasst sie kommen und lasst sie wieder gehen. Dann werden sie unter Kontrolle sein. Aber diese Methode ist nicht so einfach. Es klingt einfach, bedarf aber einer besonderen Anstrengung. Wie man das fertig bringt, ist das Geheimnis der Praxis. Nehmen wir an, ihr würdet unter irgendwelchen außergewöhnlichen Umständen sitzen. Wenn ihr versucht, euren Geist zu beruhigen, werdet ihr nicht sitzen können, und wenn ihr versucht, unbeirrt zu sein, wird eurer Bemühen nicht das rechte sein. Die einzige Bemühung, die euch helfen wird, besteht darin, eure Atemzüge zu zählen oder euch auf das Ein- und Ausatmen zu konzentrieren. Wir sagen zwar Konzentration, aber euren Geist auf etwas zu konzentrieren ist nicht die wahre Absicht des Zen. Die wahre Absicht ist, die Dinge so zu sehen, wie sie sind, die Dinge zu beobachten, wie sie sind, und alles gehen zu lassen, wie es geht. Dies heißt im weitesten Sinne, alles unter Kontrolle zu halten. Zen-Praxis bedeutet, unseren kleinen Geist zu öffnen. Die Konzentration ist also nur ein Hilfsmittel zur Verwirklichung des „großen Geistes" („Big Mind"). Wenn ihr die wahre Bedeutung von Zen in eurem täglichen Leben entdecken wollt, dann müsst ihr verstehen, was es bedeutet, euren Geist bei eurem Atem zu halten und beim Zazen die rechte Haltung zu wahren. Ihr solltet den Regeln der Praxis folgen, und eure Bemühungen sollten feiner und sorgfältiger werden. Nur auf diese Weise könnt ihr die lebendige Freiheit des Zen erfahren.

Dogen Zenji sagte: „Die Zeit geht von der Gegenwart zur Vergangenheit." Das ist absurd, aber in unserer Praxis ist es manchmal wahr. Statt dass die Zeit von der Vergangenheit zur Gegenwart fortschreitet, geht sie rückwärts, von der Gegenwart in die Vergangenheit. Yoshitsune war ein berühmter Krieger, der im mittelalterlichen Japan lebte. Wegen der schlimmen Lage, in der das Land sich damals befand, wurde er in die nördlichen Provinzen gesandt, wo er getötet wurde. Ehe er ging, nahm er Abschied von seiner Frau, und bald darauf schrieb sie in einem Gedicht: „Wie man den Faden von der Spule wickelt, so wünsche ich, Vergangenheit mir gegenwärtig." Als sie dies sagte, machte sie die Vergangenheit tatsächlich zur Gegenwart. In ihrem Herzen wurde die Vergangenheit lebendig und *war* Gegenwart. Wie Dogen sagte: „Die Zeit geht von der Gegenwart zur Vergangenheit." Das ist für unseren logischen Verstand falsch, aber in der tatsächlichen Erfahrung, die Vergangenheit gegenwärtig macht, stimmt es. So ist das in der Dichtung und im menschlichen Leben.

Wenn wir diese Art von Wahrheit erfahren, heißt das, dass wir die wahre Bedeutung der Zeit gefunden haben. Die Zeit geht ständig von der Vergangenheit zur Gegenwart und von der Gegenwart zur Zukunft. Das ist richtig, aber es stimmt auch, dass die Zeit von der Zukunft zur Gegenwart und von der Gegenwart zur Vergangenheit geht. Ein Zen-Meister sagte einmal: „Eine Meile nach Osten gehen heißt eine Meile nach Westen gehen." Das ist lebendige Freiheit. Diese Art vollkommener Freiheit sollten wir erwerben.

Vollkommene Freiheit findet man jedoch nicht ohne bestimmte Regeln. Vor allem junge Menschen denken, Freiheit bedeute, dass sie tun könnten, was ihnen beliebt, dass es im Zen keiner Regeln bedürfe. Aber es ist unbedingt notwendig, dass wir einige Regeln haben. Das heißt nicht, ständig unter Kontrolle zu sein. Solange es Regeln gibt, habt ihr eine Möglichkeit zur Freiheit. Freiheit gewinnen zu wollen, ohne sich der Regeln bewusst zu sein, ist sinnlos. Um diese vollkommene Freiheit zu erlangen, praktizieren wir Zazen.

Wellen des Geistes

Weil wir uns aller Aspekte des Lebens erfreuen
als einer Entfaltung des großen Geistes,
sind uns übermäßige Freuden nicht so wichtig.
So haben wir unerschütterliche Gelassenheit.

Wenn ihr Zazen praktiziert, versucht nicht, euer Denken anzuhalten. Lasst es von selbst aufhören. Wenn euch etwas in den Sinn kommt, lasst es herein und lasst es wieder hinausgehen. Es wird nicht lange bleiben. Wenn ihr versucht, euer Denken anzuhalten, heißt das, dass ihr davon gestört seid. Lasst euch durch nichts stören. Es scheint euch, als würde etwas von außen in euren Geist kommen, aber in Wirklichkeit sind es nur die Wellen eures Geistes, und wenn euch diese Wellen nicht stören, werden sie allmählich ruhiger und ruhiger werden. In fünf oder höchstens zehn Minuten wird euer Geist völlig ruhig und gelassen sein. Dann wird euer Atem ganz langsam werden, während euer Puls sich ein wenig beschleunigt.

Es wird ziemlich lange dauern, bis ihr euren gelassenen, ruhigen Geist in eurer Praxis findet. Viele Empfindungen kommen, viele Gedanken und Bilder steigen auf, aber das sind nur Wellen eures Geistes. Nichts kommt von außerhalb eures Geistes. Gewöhnlich meinen wir, unser Geist nehme Eindrücke und Erlebnisse von außen auf, aber das ist kein zutreffendes Verständnis unseres Geistes. Das richtige Verständnis ist, dass der Geist alles umfasst. Wenn ihr denkt, dass etwas von außen kommt, dann heißt das nur, dass es in eurem Geist auftaucht. Nichts außerhalb von euch selbst kann Schwierigkeiten verursachen. Ihr selbst bringt die Wellen eures Geistes hervor. Wenn ihr euren Geist lasst, wie er ist, wird er ruhig werden. Dieser Geist wird „großer Geist" („Big Mind") genannt.

Wenn euer Geist auf etwas außerhalb seiner selbst bezogen ist, ist dieser Geist ein kleiner, ein begrenzter Geist. Wenn euer Geist auf nichts anderes bezogen ist, dann gibt es kein dualistisches Verständnis in der Aktivität eures Geistes. Ihr versteht Aktivität nur als Wellen eures Geistes. Der große Geist erfährt alles innerhalb seiner selbst. Versteht ihr den Unterschied zwischen diesen beiden Geistesarten: dem Geist, der alles umfasst, und dem Geist, der in Beziehung zu etwas anderem steht? Tatsächlich sind sie ein und dasselbe, doch das Verständnis ist verschieden, und eure Haltung dem Leben gegenüber wird je nach dem Verständnis, das ihr habt, unterschiedlich sein.

Dass alles in eurem Geist enthalten ist, ist das innerste Wesen des Geistes. Wenn man diese Erfahrung macht, erwacht ein religiöses Gefühl. Selbst wenn Wellen entstehen, ist die Essenz eures Geistes rein, wie klares Wasser mit ein paar Wellen. In Wirklichkeit hat Wasser immer Wellen. Wellen sind die Praxis des Wassers. Von Wellen zu sprechen ohne Wasser oder vom Wasser ohne Wellen ist eine Täuschung. Wasser und Wellen sind eins. Großer Geist und kleiner Geist sind eins. Wenn ihr euren Geist auf diese Weise versteht, dann sind eure Gefühle sicher gegründet. Da euer Geist nichts von außen erwartet, ist er immer erfüllt. Ein Geist mit Wellen ist kein gestörter, sondern in Wirklichkeit ein erweiterter Geist. Was immer ihr erfahrt, ist Ausdruck des großen Geistes.

Sich durch verschiedene Erfahrungen zu erweitern ist die Aktivität des großen Geistes. In einer Hinsicht sind unsere Erfahrungen, eine der anderen folgend, immer frisch und neu, doch in anderer Hinsicht sind sie nichts als das ständige oder wiederholte Entfalten des einen großen Geistes. Wenn ihr zum Beispiel etwas Gutes zum Frühstück esst, werdet ihr sagen: „Das ist gut". „Gut" entstammt einer Erfahrung, die ihr vor langer Zeit gemacht habt, selbst wenn ihr nicht mehr wisst, wann das war. Mit dem großen Geist akzeptieren wir jede unserer Erfahrungen so, wie wenn wir das Gesicht, das wir im Spiegel betrachten, als unser eigenes erkennen. Für uns gibt es keine Angst, diesen Geist zu verlieren. Es gibt nichts, woher man kommen oder wohin man gehen könnte. Es gibt keine Angst vor dem Tod, kein Leiden durch Alter oder Krankheit. Weil wir uns aller Aspekte des Lebens erfreuen als einer Entfaltung des großen Geistes, sind uns übermäßige Freuden nicht so wichtig. So haben wir unerschütterliche Gelassenheit, und mit dieser unerschütterlichen Gelassenheit des großen Geistes praktizieren wir Zazen.

UNKRAUT DES GEISTES

Ihr solltet dankbar sein für das Unkraut, das ihr in eurem Geist habt, denn mit der Zeit wird es eure Praxis bereichern.

Wenn der Wecker frühmorgens läutet und ihr aufstehen müsst, glaube ich, dass ihr euch nicht besonders gut fühlt. Es ist nicht leicht, zum Sitzen zu gehen, und selbst nach eurer Ankunft im Zendo und nach Beginn des Zazen müsst ihr euch ermutigen, gut zu sitzen. Doch das sind nur Wellen eures Geistes. Im reinen Zazen sollten keine Wellen mehr in eurem Geist sein. Während ihr sitzt, werden diese Wellen kleiner und kleiner werden, und eure Anstrengung wird sich in eine subtile Empfindung verwandeln.

Wir sagen: „Wenn wir Unkraut jäten, geben wir der Pflanze Nahrung." Wir ziehen das Unkraut heraus und vergraben es nahe der Pflanze, um ihr Nahrung zu geben. Wenn ihr also Schwierigkeiten mit eurer Praxis habt und wenn beim Sitzen einige Wellen kommen, lasst nur, diese Wellen selbst werden euch helfen. Lasst euch von eurem Geist nicht stören. Ihr solltet eher dankbar sein für das Unkraut, denn mit der Zeit wird es eure Praxis bereichern. Wenn ihr etwas Erfahrung habt, wie das Unkraut in eurem Geist sich in geistige Nahrung verwandelt, wird eure Praxis bemerkenswerte Fortschritte machen. Ihr werdet diesen Fortschritt spüren. Ihr werdet spüren, wie sich das Unkraut in Selbst-Nahrung verwandelt. Natürlich ist es nicht so schwierig, eine philosophische oder psychologische Interpretation unserer Praxis zu geben, doch das genügt nicht. Wir müssen die tatsächliche Erfahrung machen, wie unser Unkraut sich in Nahrung verwandelt.

Genau genommen ist jede Anstrengung, die wir aufbringen, nicht gut für unsere Praxis, weil dadurch Wellen in unserem Geist geschaffen werden. Es ist jedoch unmöglich, absolute Ruhe des Geistes zu erlangen ohne jede Anstrengung. Wir müssen eine gewisse Anstrengung unternehmen, doch in dieser Anstrengung müssen wir uns selbst vergessen. In diesem Reich gibt es keine Subjektivität oder Objektivität. Unser Geist ist einfach ruhig, sogar ohne irgendein Gewahrsein. In diesem Zustand des Nicht-Gewahrseins verschwindet jede Anstrengung, jeder Gedanke und jede Vorstellung. Deshalb müssen wir uns selbst Mut machen und uns anstrengen bis zum letzten Augenblick, in dem jede Anstrengung verschwindet. Haltet euren Geist bei eurem Atem, bis ihr eures Atems nicht mehr gewahr seid.

Wir müssen versuchen, unsere Anstrengung für immer fortzusetzen, aber wir dürfen nicht erwarten, dass wir eine Stufe erreichen, wo wir das alles vergessen. Wir sollten einfach versuchen, unseren Geist bei unserem Atem zu halten. Das ist unsere wirkliche Praxis. Diese Anstrengung wird sich immer mehr verfeinern, während ihr sitzt. Am Anfang wird die Anstrengung, die ihr unternehmt, noch recht grob und unrein sein, doch durch die Kraft der Praxis wird sie immer reiner werden. Wenn eure Anstrengung rein wird, werden auch euer Körper und Geist rein. Das ist die Art, wie wir Zen praktizieren. Wenn ihr einmal die uns angeborene Kraft versteht, mit der wir uns selbst und unsere Umgebung reinigen, dann könnt ihr richtig handeln, und ihr werdet von den Menschen um euch herum lernen und freundlich mit anderen sein. Das ist das Verdienst der Zen-Praxis. Aber der Weg der Praxis ist, einfach in der rechten Haltung und mit großem, reinem Bemühen auf den Atem konzentriert zu sein. Auf diese Weise praktizieren wir Zen.

Das Mark des Zen

In der Zazen-Haltung haben euer Geist und euer Körper große Kraft, die Dinge so anzunehmen, wie sie sind, ganz gleich, ob sie euch recht sind oder nicht.

In unseren Schriften (Samyuktagama-Sutra, Band 33) heißt es, dass es vier Arten von Pferden gibt: hervorragende, gute, mittelmäßige und schlechte. Das beste Pferd läuft nach dem Willen seines Lenkers langsam und schnell, nach rechts und links, noch ehe es den Schatten der Peitsche sieht. Das zweitbeste läuft so gut wie das erste, gerade bevor die Peitsche sein Fell berührt. Das dritte läuft, wenn es den Schmerz an seinem Körper fühlt. Das vierte läuft erst, wenn der Schmerz ihm bis ins Mark seiner Knochen gedrungen ist. Ihr könnt euch vorstellen, wie schwer es für das vierte Pferd ist, laufen zu lernen!

Wenn wir diese Geschichte hören, möchten wohl die meisten von uns das beste Pferd sein. Wenn es nicht möglich ist, das beste Pferd zu sein, möchten wir das zweitbeste sein. So, denke ich, wird diese Geschichte und wird Zen üblicherweise verstanden. Ihr glaubt vielleicht, wenn ihr Zazen sitzt, dass ihr herausfinden werdet, ob ihr eines der besten Pferde oder eines der schlechtesten seid. Das wäre jedoch ein Missverständnis von Zen. Wenn ihr meint, es sei das Ziel der Zen-Übung, euch zu trainieren, eines der besten Pferde zu werden, dann habt ihr ein großes Problem. Dann habt ihr nicht verstanden, worum es geht. Wenn ihr Zen auf die rechte Weise praktiziert, spielt es keine Rolle, ob ihr das beste Pferd oder das schlechteste seid. Wenn ihr das Mitgefühl des Buddha bedenkt, was glaubt ihr, würde der Buddha gegenüber den vier Arten von Pferden empfinden? Er würde mehr Sympathie für das schlechteste Pferd als für das beste haben.

Wenn ihr entschlossen seid, Zazen mit dem großen Geist des Buddha zu praktizieren, werdet ihr entdecken, dass das schlechteste Pferd das wertvollste ist. Gerade in euren Unvollkommenheiten werdet ihr die Grundlage für euren festen, den Weg suchenden Geist entdecken. Diejenigen, die in perfekter Körperhaltung sitzen, brauchen gewöhnlich länger, um den wahren Zen-Weg zu finden, das wirkliche Zen-Gefühl, das Mark des Zen. Diejenigen jedoch, die große Schwierigkeiten haben, Zen zu praktizieren, werden darin einen tieferen Sinn finden. Daher denke ich, dass manchmal das beste Pferd das schlechteste sein kann und das schlechteste das beste.

Wenn ihr Kalligraphie studiert, werdet ihr merken, dass diejenigen, die nicht so geschickt sind, gewöhnlich die besten Kalligraphen werden. Diejenigen, die mit ihren Händen sehr geschickt sind, stoßen oft auf große Schwierigkeiten, wenn sie eine bestimmte Stufe erreicht haben. Das gilt ebenso für die Kunst wie für Zen. Das gilt auch für das Leben. Wenn wir also über Zen sprechen, können wir nicht im gewöhnlichen Wortsinn sagen: „Er ist gut“ oder „Er ist schlecht.“ Die Haltung, die im Zazen eingenommen wird, ist nicht für jeden von uns die gleiche. Für einige mag es unmöglich sein, die Stellung mit gekreuzten Beinen einzunehmen. Aber selbst wenn ihr nicht in der Lage seid, die richtige Haltung einzunehmen, könnt ihr Zen in seinem wahren Sinn praktizieren, wenn ihr den wahrhaftigen, den Weg suchenden Geist in euch erweckt. Tatsächlich ist es leichter für diejenigen, die mit dem Sitzen Schwierigkeiten haben, den wahren, den Weg suchenden Geist zu erwecken, als für die, die mühelos sitzen können.

Wenn wir darüber nachdenken, was wir in unserem täglichen Leben tun, sind wir immer über uns selbst beschämt. Einer meiner Schüler schrieb mir einmal: „Du hast mir einen Kalender geschickt, und ich versuche, den guten Sprüchen zu folgen, die auf jeder Seite stehen. Doch das Jahr hat kaum begonnen, und schon habe ich versagt!“ Dogen Zenji sagte: *„Shoshaku jushaku.“* *Shaku* hat die allgemeine Bedeutung von „Fehler“ oder „falsch“. *Shoshaku jushaku* bedeutet „Falsches auf Falsches folgen lassen“ oder ein ununterbrochener Fehler. Nach Dogen kann auch ein ununterbrochener Fehler Zen sein. Man könnte sagen, dass das Leben eines Zen-Meisters aus vielen Jahren von *shoshaku jushaku* besteht; das bedeutet so viele Jahre einer zielstrebigen Anstrengung.

Wir sagen: „Ein guter Vater ist kein guter Vater." Versteht ihr? Jemand, der sich für einen guten Vater hält, ist kein guter Vater. Jemand, der glaubt, er sei ein guter Ehemann, ist kein guter Ehemann. Wer denkt, er sei ein miserabler Ehemann, ist vielleicht ein guter, sofern er sich immer von ganzem Herzen bemüht, ein guter Ehemann zu sein. Wenn es euch unmöglich ist, zu sitzen, weil ihr Schmerzen oder ein körperliches Problem habt, dann solltet ihr trotzdem sitzen und ein dickes Kissen oder einen Stuhl benutzen. Obgleich ihr das schlechteste Pferd seid, werdet ihr das Mark des Zen erreichen.

Stellt euch vor, eure Kinder leiden an einer unheilbaren Krankheit. Ihr wisst nicht, was ihr tun sollt; ihr könnt nicht im Bett liegen. Normalerweise wäre der angenehmste Ort für euch ein warmes, bequemes Bett, aber jetzt könnt ihr wegen eurer Seelenqualen keine Ruhe finden. Vielleicht geht ihr auf und ab, rein und raus, aber das hilft euch nichts. Der beste Weg, euren Kummer zu lindern, ist tatsächlich, Zazen zu sitzen, selbst in einem solchen Zustand geistiger Verwirrtheit und in schlechter Haltung. Solange ihr keine Erfahrung habt mit dem Sitzen in einer so schwierigen Situation, seid ihr noch keine Zen-Schüler. Keine andere Aktivität wird euer Leiden lindern. In anderen ruhelosen Positionen habt ihr keine Kraft, eure Schwierigkeiten anzunehmen, aber in der Zazen-Haltung, die ihr euch in langer, harter Übung angeeignet habt, haben euer Geist und euer Körper große Kraft, die Dinge anzunehmen, wie sie sind, ganz gleich, ob sie euch recht sind oder nicht.

Wenn euch etwas Unangenehmes berührt, ist es besser für euch, wenn ihr sitzt. Nur so könnt ihr euer Problem annehmen und daran arbeiten. Ob ihr das beste Pferd seid oder das schlechteste oder ob eure Haltung gut oder schlecht ist, ist gar keine Frage. Jeder kann Zazen üben und in dieser Weise an seinen Schwierigkeiten arbeiten und sie annehmen.

Wenn ihr sitzt, inmitten eures eigenen Problems, was hat dann mehr Wirklichkeit für euch: euer Problem oder ihr selbst? Das

Gewahrsein, dass ihr hier seid, gerade jetzt, ist die letztendliche Wirklichkeit. Dies ist es, was ihr durch die Zazen-Praxis verwirklichen werdet. In kontinuierlicher Praxis, in einer Folge angenehmer und unangenehmer Situationen, werdet ihr das Mark des Zen verwirklichen und seine wahre Stärke erlangen.

Keine Dualität

Euren Geist anzuhalten bedeutet nicht, die Aktivitäten des Geistes einzustellen. Es bedeutet, dass euer Geist den ganzen Körper durchdringt. Mit der Fülle eures Geistes bildet ihr das Mudra mit euren Händen.

Wir sagen, unsere Praxis sollte frei sein von Vorstellungen, etwas zu erreichen, sollte ohne Erwartungen sein, sogar ohne die, Erleuchtung zu erlangen. Das heißt jedoch nicht, dass man ohne jede Absicht sitzen sollte. Diese Praxis, nichts erreichen zu wollen, beruht auf dem Prajnaparamita-Sutra. Doch wenn ihr nicht achtsam seid, wird das Sutra selbst euch die Vorstellung, etwas zu gewinnen, nahe legen. Es heißt dort: „Form ist Leerheit, und Leerheit ist Form." Aber wenn ihr euch an diese Aussage klammert, könnt ihr euch leicht in dualistische Vorstellungen verwickeln: Hier bist du, Form, und dort ist Leerheit, die du durch deine Form zu verwirklichen suchst. Also ist „Form ist Leerheit, und Leerheit ist Form" immer noch dualistisch. Doch zum Glück heißt es in unserer Lehre weiter: „Form ist Form, und Leerheit ist Leerheit." Darin gibt es keinen Dualismus.

Wenn ihr es schwierig findet, euren Geist anzuhalten, während ihr sitzt, und ihr dennoch versucht, euren Geist anzuhalten, dann ist das die Stufe von „Form ist Leerheit, und Leerheit ist Form." Doch während ihr in dieser dualistischen Weise weiterübt, werdet ihr immer mehr eins werden mit eurem Ziel. Und wenn eure Praxis mühelos wird, dann könnt ihr euren Geist anhalten. Das ist die Stufe von „Form ist Form, und Leerheit ist Leerheit."

Euren Geist anzuhalten bedeutet nicht, die Aktivitäten eures Geistes einzustellen. Es bedeutet, dass euer Geist den ganzen Körper durchdringt. Euer Geist folgt eurem Atem. Mit der Fülle eures Geistes bildet ihr das Mudra mit euren Händen. Mit eurem ganzen Geist sitzt ihr mit schmerzenden Beinen, ohne von ihnen gestört zu sein. Das bedeutet sitzen, frei von Gedanken, etwas zu erreichen. Anfänglich fühlt ihr euch durch eure Haltung etwas eingeschränkt, doch wenn ihr euch durch diese Einschränkung nicht stören lasst, habt ihr die Bedeutung von „Leerheit ist Leerheit, und Form ist Form“ gefunden. Euren eigenen Weg unter einer gewissen Einschränkung zu finden, das ist der Weg der Praxis.

Praxis bedeutet nicht, dass alles, was ihr tut, zum Beispiel euch hinzulegen, Zazen ist. Wenn die Einschränkungen, die ihr habt, euch nicht begrenzen – das ist es, was wir unter Praxis verstehen. Wenn ihr sagt: „Was immer ich tue, ist Buddha-Natur, deshalb ist es ganz gleich, was ich tue, und es ist nicht nötig, Zazen zu üben“, dann ist das bereits ein dualistisches Verständnis unseres täglichen Lebens. Wenn es tatsächlich ganz gleich wäre, bräuchtet ihr das nicht einmal zu sagen. Solange ihr damit beschäftigt seid, was ihr tut, ist das dualistisch. Wenn ihr nicht damit beschäftigt seid, was ihr tut, werdet ihr das nicht erst sagen. Wenn ihr sitzt, dann sitzt ihr. Wenn ihr esst, dann esst ihr. Das ist alles. Wenn ihr aber sagt: „Es ist ganz gleich“, heißt das, dass ihr einen Vorwand sucht, um etwas auf eure eigene Art, mit eurem kleinen Geist zu tun. Das heißt, dass ihr an etwas oder an einer bestimmten Weise anhaftet. Das meinen wir nicht, wenn wir sagen: „Einfach nur sitzen ist genug“ oder „Was immer man tut, ist Zazen.“ Natürlich ist, was immer wir tun Zazen, aber wenn das so ist, dann braucht man es nicht zu sagen.

Wenn ihr sitzt, solltet ihr nur sitzen, ohne euch durch eure schmerzenden Beine oder eure Müdigkeit stören zu lassen. Das ist Zazen. Doch am Anfang ist es sehr schwer, die Dinge anzunehmen, wie sie sind. Das Gefühl, das ihr beim Üben habt, wird euch belästigen. Wenn ihr alles, sei es gut oder schlecht, ohne Störung oder Belästigung durch das Gefühl tun könnt, dann ist dies das, was mit dem Satz „Form ist Form, und Leerheit ist Leerheit“ gemeint ist.

Wenn ihr an einer Krankheit leidet, zum Beispiel an Krebs, und euch klar ist, dass ihr nur noch zwei oder drei Jahre zu leben habt, dann sucht ihr vielleicht etwas, worauf ihr euch verlassen könnt, und beginnt zu üben. Einer mag auf Gottes Hilfe vertrauen, ein anderer beginnt vielleicht mit der Praxis von Zazen. Seine Praxis wird sich darauf konzentrieren, Leerheit des Geistes zu erlangen. Das bedeutet, er versucht, sich vom Leiden an der Dualität zu befreien. Dies ist die Praxis von „Form ist Leerheit, und Leerheit ist Form." Weil Leerheit wahr ist, möchte er sie in seinem Leben tatsächlich verwirklichen. Wenn er auf diese Weise übt, wenn er daran glaubt und sich anstrengt, wird ihm das natürlich helfen, aber es ist nicht vollkommene Praxis.

Mit dem Wissen, dass das Leben kurz ist, sich Tag für Tag, Augenblick für Augenblick des Lebens zu erfreuen, das ist das Leben von „Form ist Form, und Leerheit ist Leerheit." Wenn der Buddha kommt, werdet ihr ihn willkommen heißen; wenn der Teufel kommt, werdet ihr ihn willkommen heißen. Der berühmte chinesische Zen-Meister Baso sagte: „Buddha mit dem Sonnengesicht und Buddha mit dem Mondgesicht." Als er krank war, fragte ihn jemand: „Wie geht es dir?", und er antwortete: „Buddha mit dem Sonnengesicht und Buddha mit dem Mondgesicht." Das ist das Leben von „Form ist Form, und Leerheit ist Leerheit." Darin gibt es kein Problem. Ein Jahr Leben ist gut. Hundert Jahre Leben sind auch gut. Wenn ihr eure Praxis fortsetzt, werdet ihr diese Ebene erreichen.

Zuerst werdet ihr verschiedene Probleme haben, und es ist notwendig, dass ihr euch anstrengt, um die Praxis fortzusetzen. Für den Anfänger ist eine Praxis ohne Anstrengung keine echte Praxis. Für den Anfänger verlangt die Praxis große Anstrengung. Besonders für junge Leute ist es nötig, dass sie sich größte Mühe geben, etwas zu erreichen. Ihr müsst eure Arme und Beine so weit ausstrecken, wie nur irgend möglich. Form ist Form. Ihr müsst eurem eigenen Weg treu bleiben, bis ihr dann tatsächlich an den Punkt gelangt, wo ihr die Notwendigkeit einseht, alles über euch zu vergessen. Bis ihr dahin kommt, ist es vollkommen falsch zu denken, dass alles, was ihr tut, Zen sei oder dass es gleichgültig sei, ob ihr übt oder nicht. Doch wenn ihr euch nach besten Kräften bemüht, mit der Praxis fortzufahren, mit ganzem Körper und Geist, ohne Gedanken, etwas zu erlangen, dann ist alles, was ihr tut, wahre

Praxis. Eure Absicht sollte sein, einfach weiterzumachen. Wenn ihr etwas tut, sollte euer Entschluss sein, es einfach zu tun. Form ist Form, und ihr seid ihr, und die wahre Leerheit wird sich in eurer Praxis zeigen.

Sich verbeugen

Sich verbeugen ist eine sehr ernsthafte Praxis.
Ihr solltet immer bereit sein, euch zu verbeugen,
selbst im letzten Augenblick eures Lebens.
Obwohl es unmöglich ist, unsere selbstbezogenen
Wünsche loszuwerden, müssen wir es tun.
Unsere wahre Natur verlangt es.

Nach dem Zazen beugen wir uns neunmal bis auf den Boden. Indem wir uns verbeugen, geben wir uns selbst auf. Uns selbst aufzugeben bedeutet, unsere dualistischen Vorstellungen aufzugeben. Es besteht also kein Unterschied zwischen der Zazen-Praxis und dem Verbeugen. Wenn wir uns verbeugen, bedeutet das gewöhnlich, dass wir unsere Ehrerbietung zum Ausdruck bringen gegenüber etwas, das mehr Verehrung verdient als wir. Doch wenn ihr euch vor Buddha niederwerft, solltet ihr keine Vorstellung von Buddha haben, sondern einfach eins werden mit Buddha, ihr seid bereits Buddha. Wenn ihr eins werdet mit Buddha, eins mit allem, was existiert, dann findet ihr die wahre Bedeutung des Seins. Wenn ihr alle eure dualistischen Vorstellungen vergesst, wird alles zu eurem Lehrer, und alles kann Gegenstand der Verehrung sein.

Wenn alles innerhalb eures großen Geistes existiert, dann fallen alle dualistischen Beziehungen weg. Es gibt keine Unterscheidung zwischen Himmel und Erde, Mann und Frau, Lehrer und Schüler. Manchmal verbeugt sich ein Mann vor einer Frau, und manchmal verbeugt eine Frau sich vor einem Mann. Manchmal verbeugt ein Schüler sich vor dem Lehrer, und manchmal verbeugt ein Lehrer sich vor dem Schüler. Ein Meister, der sich nicht vor seinem Schüler verbeugen kann, kann sich auch nicht vor Buddha verbeugen. Manchmal verbeugen Meister und Schüler sich gemeinsam vor Buddha. Manchmal verbeugen wir uns auch vor Katzen und Hunden.

In unserem großen Geist hat alles den gleichen Wert. Alles ist

Buddha selbst. Ihr seht etwas oder hört einen Ton, und darin habt ihr alles, so wie es ist. In eurer Praxis solltet ihr alles annehmen, wie es ist, und jedem Ding dieselbe Achtung entgegenbringen wie einem Buddha. Das ist die Buddhaschaft. Dann verbeugt Buddha sich vor Buddha, und ihr verbeugt euch vor euch selbst. Das ist die wahre Verbeugung.

Wenn ihr diese innere Gewissheit vom großen Geist in eurer Praxis nicht habt, ist eure Verbeugung dualistisch. Wenn ihr einfach ihr selbst seid, verbeugt ihr euch im wahren Sinne vor euch selbst, und dann seid ihr eins mit allem. Nur wenn ihr wirklich ihr selbst seid, könnt ihr euch im wahren Sinn vor allem verbeugen. Sich verbeugen ist eine sehr ernsthafte Praxis. Ihr solltet immer bereit sein, euch zu verbeugen, selbst im letzten Augenblick eures Lebens. Wenn ihr nichts mehr tun könnt, als euch zu verbeugen, solltet ihr das tun. Diese Überzeugung ist notwendig. Verbeugt euch mit dieser inneren Haltung, und alle Vorschriften, alle Lehren sind die euren, und ihr werdet alles besitzen in eurem großen Geist.

Sen no Rikyu, der Begründer der japanischen Tee-Zeremonie, beging im Jahre 1591 auf Befehl seines Herrn Hideyoshi *hara-kiri* (rituellen Selbstmord). Unmittelbar bevor Rikyu sich das Leben nahm, sagte er: „Wenn ich dieses Schwert habe, gibt es keinen Buddha und keine Patriarchen." Er meinte, dass es keine dualistische Welt gibt, wenn wir das Schwert des großen Geistes haben. Das Einzige, das existiert, ist dieser Geist. Diese Art unerschütterlicher Haltung war in Rikyus Tee-Zeremonie immer gegenwärtig. Er tat nie etwas in bloß dualistischer Weise. Er war bereit, in jedem Augenblick zu sterben. Er starb in jeder Zeremonie, und er wurde wieder neu. Das ist der Geist der Tee-Zeremonie. So verbeugen wir uns.

Mein Lehrer hatte vom Verbeugen eine Schwiele an der Stirn. Er wusste, dass er ein starrköpfiger, eigensinniger Bursche war, und so verbeugte und verbeugte er sich immer wieder. Der Grund, warum er sich so oft verbeugte, war der, dass er in seinem Inneren immer die scheltende Stimme seines Meisters hörte. Er war im Alter von dreißig Jahren in den Soto-Orden eingetreten, was für einen japanischen Priester ziemlich spät ist. Wenn wir jung sind, sind wir weniger eigensinnig, und es fällt uns leichter, unsere Selbstsüchtigkeit abzulegen. Daher nannte sein Meister meinen Lehrer immer „du spät dahergekommener Kerl“ und schalt ihn wegen seines späten Eintritts. In Wirklichkeit liebte ihn sein Meister gerade wegen dieses eigensinnigen Charakters. Als mein Lehrer siebzig Jahre alt war, sagte er: „Als ich jung war, war ich wie ein Tiger, aber jetzt bin ich wie eine Katze!“ Er war sehr zufrieden damit, wie eine Katze zu sein.

Das Verbeugen hilft uns, unsere selbstbezogenen Gedanken auszuschalten. Das ist nicht so einfach. Es ist schwer, diese Vorstellungen loszuwerden, und das Verbeugen ist dafür eine sehr wertvolle Übung. Nicht das Ergebnis ist das Entscheidende, was zählt, ist das Bemühen, uns zu verbessern. Diese Übung hört nie auf.

Jede Verbeugung drückt eines der vier buddhistischen Gelübde aus. Diese Gelübde sind: „Obwohl es unzählige Lebewesen gibt, geloben wir, sie zu erlösen. Obwohl unsere schlechten Begierden grenzenlos sind, geloben wir, sie loszuwerden. Obwohl die Lehre grenzenlos ist, geloben wir, sie zu lernen. Obwohl Buddhaschaft unerreichbar ist, geloben wir, sie zu erreichen.“ Wenn sie unerreichbar ist, wie können wir sie dann erreichen? Aber wir sollten es! Das ist Buddhismus.

Zu denken: „Weil es möglich ist, werden wir es tun“, ist nicht Buddhismus. Obwohl es unmöglich ist, müssen wir es tun, weil unsere wahre Natur dies von uns verlangt. Doch tatsächlich geht es gar nicht darum, ob es möglich ist oder nicht. Wenn es unser innerstes Verlangen ist, unsere selbstbezogenen Gedanken loszuwerden, dann müssen wir es tun. Wenn wir diese Anstrengung unternehmen, wird unser innerstes Verlangen gestillt, und Nirvana ist da. Bevor ihr euch entschließt, es zu tun, habt ihr Schwierigkeiten, aber wenn ihr einmal damit begonnen habt, gibt es keine mehr. Denn eure Anstrengung stillt euer innerstes Verlangen. Es gibt keinen anderen Weg, Ruhe zu finden. Ruhe des Geistes bedeutet nicht, dass ihr aufhören sollt, etwas zu tun. Wahre Ruhe sollte in der Aktivität selbst gefunden werden. Wir sagen: „Es ist leicht, Ruhe im Nichtstun zu haben, aber es ist schwer, Ruhe in der Aktivität zu finden, doch Ruhe in der Aktivität ist die wahre Ruhe."

Nachdem ihr eine Weile praktiziert habt, werdet ihr merken, dass es nicht möglich ist, schnelle und außerordentliche Fortschritte zu machen. Selbst wenn ihr euch sehr große Mühe gebt, wird euer Fortschritt sich immer nur allmählich vollziehen. Es ist nicht so, wie wenn man in einen Regenschauer hinausgeht und weiß, wann man nass wird. Im Nebel merkt man nicht, dass man nass wird, aber wenn ihr weitergeht, werdet ihr allmählich immer nasser. Wenn euer Geist Vorstellungen von Fortschritt hat, sagt ihr vielleicht: „Ach, dieses Schneckentempo ist grässlich!" Doch in Wirklichkeit ist es nicht so. Wenn ihr im Nebel nass werdet, ist es sehr schwer, wieder trocken zu werden. Ihr braucht euch also über Fortschritt keine Sorgen zu machen. Es ist wie beim Erlernen einer Fremdsprache. Man beherrscht sie nicht mit einem Schlag, aber durch ständiges Wiederholen werdet ihr sie meistern. Das ist der Soto-Weg der Praxis. Wir können entweder sagen, wir machen allmähliche Fortschritte, oder wir erwarten nicht einmal Fortschritte zu machen. Aufrichtig zu sein und uns in jedem Augenblick nach besten Kräften zu bemühen ist genug. Es gibt kein Nirvana außerhalb unserer Praxis.

NICHTS BESONDERES

Wenn ihr diese einfache Praxis jeden Tag fortsetzt,
werdet ihr eine wunderbare Kraft bekommen.
Bevor ihr sie erlangt, ist sie etwas Wunderbares,
aber nachdem ihr sie erlangt habt,
ist sie nichts Besonderes mehr.

Mir ist nicht danach zumute, nach dem Zazen zu sprechen. Nach meinem Gefühl ist die Praxis des Zazen genug. Wenn ich doch etwas sagen muss, dann möchte ich am liebsten darüber sprechen, wie wunderbar es ist, Zazen zu praktizieren. Unser Ziel ist einfach, diese Praxis für immer beizubehalten. Sie begann vor anfanglosen Zeiten, und sie wird fortdauern bis in eine endlose Zukunft. Genau genommen gibt es für ein menschliches Wesen keine andere Praxis als diese Praxis. Es gibt keine andere Lebensweise als diese Lebensweise. Die Praxis des Zen ist der direkte Ausdruck unserer wahren Natur.

Natürlich ist alles, was wir tun, der Ausdruck unserer wahren Natur, aber ohne diese Praxis ist es schwer, das zu verwirklichen. Unserer menschlichen Natur sowie der Natur jeder Existenz entspricht es, aktiv zu sein. Solange wir am Leben sind, tun wir immer irgendetwas. Doch solange ihr denkt: „Ich tue dies" oder „Ich habe das zu tun" oder „Ich muss etwas Besonderes erreichen", so lange tut ihr in Wirklichkeit gar nichts. Wenn ihr aufgebt, wenn ihr nicht länger etwas wollt, oder wenn ihr nicht versucht, irgendetwas Besonderes zu machen, dann tut ihr etwas. Wenn ihr etwas tut ohne Gedanken, etwas zu erlangen, dann tut ihr etwas. Was ihr im Zazen macht, macht ihr nicht *wegen* etwas. Ihr habt vielleicht das Gefühl, etwas Besonderes zu tun, aber tatsächlich ist es nur der Ausdruck eurer wahren Natur; es ist die Aktivität, die euer innerstes Verlangen stillt. Aber solange ihr denkt, dass ihr Zazen um einer Sache willen praktiziert, ist das nicht wahre Praxis.

Wenn ihr diese einfache Praxis jeden Tag fortsetzt, werdet ihr eine wunderbare Kraft bekommen. Bevor ihr sie erlangt, ist sie etwas Wunderbares, aber nachdem ihr sie erlangt habt, ist sie nichts Besonderes mehr. Sie ist nur ihr selbst, nichts Besonderes. Wie ein chinesisches Gedicht es ausdrückt: „Ich ging, und ich kehrte zurück. Es war nichts Besonderes. Rozan, berühmt für seine nebligen Berge, Sekko wegen seines Wassers." Die Leute glauben, es müsse wunderbar sein, die berühmte nebelverhangene Gebirgskette zu sehen und das Wasser, von dem es heißt, es bedecke die ganze Erde. Doch wenn ihr dort hingeht, werdet ihr einfach Wasser und Berge sehen. Nichts Besonderes.

Es ist ein Rätsel, dass für Menschen, die keine Erleuchtungserfahrung haben, die Erleuchtung etwas Wunderbares ist. Aber wenn sie sie erlangen, ist es nichts. Und doch ist es nicht nichts. Versteht ihr das? Für eine Mutter mit Kindern ist es nichts Besonderes, Kinder zu haben. Das ist Zazen. Wenn ihr also mit dieser Praxis fortfahrt, werdet ihr zunehmend etwas gewinnen – nichts Besonderes, aber doch etwas. Ihr könnt es „universelle Natur", „Buddha-Natur" oder „Erleuchtung" nennen. Ihr könnt ihm viele Namen geben, aber für den, der es hat, ist es nichts und ist doch etwas.

Wenn wir unsere wahre Natur zum Ausdruck bringen, dann sind wir menschliche Wesen. Wenn wir es nicht tun, wissen wir nicht, was wir sind. Wir sind kein Tier, weil wir auf zwei Beinen laufen. Wir unterscheiden uns von einem Tier, aber was sind wir? Vielleicht sind wir ein Geist, aber wir wissen nicht, wie wir uns nennen sollen. Ein solches Geschöpf existiert in Wirklichkeit nicht. Es ist eine Täuschung. Wir sind kein menschliches Wesen mehr, aber wir existieren. Wenn Zen nicht Zen ist, dann existiert nichts. Intellektuell sind meine Worte unverständlich, aber wenn ihr wahre Praxis erfahren habt, werdet ihr verstehen, was ich meine. Wenn etwas existiert, dann hat es seine eigene wahre Natur, seine Buddha-Natur. Im Parinirvana-Sutra sagt der Buddha: „Alles hat Buddha-Natur", aber Dogen liest das so: „Alles *ist* Buddha-Natur." Darin liegt ein Unterschied. Wenn ihr nämlich sagt: „Alles hat Buddha-Natur", dann heißt das, dass Buddha-Natur in jeder Existenz ist, also Buddha-Natur und jede Existenz verschiedenartig sind. Wenn ihr aber sagt: „Alles *ist* Buddha-Natur“, dann heißt das, dass alles Buddha-Natur selbst ist. Wenn es keine Buddha-Natur gibt, gibt es überhaupt nichts. Etwas außerhalb von Buddha-Natur ist nur eine Täuschung. Es existiert vielleicht in eurem Kopf, doch in Wirklichkeit existieren solche Dinge nicht.

Ein Mensch zu sein heißt also, Buddha zu sein. Buddha-Natur ist nur eine andere Bezeichnung für menschliche Natur, unsere wahre menschliche Natur. So tut ihr selbst, wenn ihr überhaupt nichts tut, in Wirklichkeit doch etwas: Ihr bringt euch selbst zum Ausdruck. Ihr drückt eure wahre Natur aus. Eure Augen drücken sie aus; eure Stimme drückt sie aus; euer Auftreten drückt sie aus. Das Wichtigste ist, dass ihr eure wahre Natur in der einfachsten, angemessensten Weise zum Ausdruck bringt und dass ihr sie in der unscheinbarsten Existenz würdigt.

Wenn ihr in dieser Praxis Woche um Woche, Jahr um Jahr fortfahrt, wird eure Erfahrung sich immer mehr vertiefen, und sie wird sich auf alles erstrecken, was ihr in eurem täglichen Leben tut. Das Wichtigste ist, jeden Gedanken, etwas zu erlangen, alle dualistischen Vorstellungen zu vergessen. Mit anderen Worten, praktiziert einfach Zazen in einer bestimmten Haltung. Denkt nicht über irgendetwas nach. Bleibt einfach auf eurem Kissen, ohne irgendetwas zu erwarten. Dann werdet ihr schließlich eure eigene wahre Natur wiedererlangen. Das heißt, eure wahre Natur erlangt sich selbst zurück.

TEIL ZWEI

RECHTE HALTUNG

Worauf wir Wert legen, ist starkes Vertrauen in unsere ursprüngliche Natur.

DER WEG DER UNGETEILTEN AUFMERKSAMKEIT

Selbst wenn die Sonne im Westen aufginge,
hat der Bodhisattva nur einen Weg.

Der Zweck meines Vortrags ist nicht, euch ein intellektuelles Verständnis zu vermitteln, sondern ich möchte einfach meine Wertschätzung unserer Zen-Praxis ausdrücken. Dass es möglich ist, mit euch Zazen zu sitzen, ist etwas sehr, sehr Ungewöhnliches. Natürlich ist alles, was wir tun, ungewöhnlich, da unser Leben selbst so ungewöhnlich ist. Der Buddha sagte: „Dass jemand sein menschliches Leben zu schätzen weiß, ist so selten wie Dreck auf einem Fingernagel." Ihr wisst ja, Schmutz bleibt kaum an einem Fingernagel haften. Unser menschliches Leben ist außergewöhnlich und wunderbar. Wenn ich sitze, möchte ich ewig sitzen bleiben, aber dann ermuntere ich mich zu einer anderen Praxis, zum Beispiel ein Sutra zu rezitieren oder mich zu verbeugen. Und wenn ich mich verbeuge, denke ich: „Das ist wunderbar." Doch dann muss ich meine Praxis wieder wechseln, um das Sutra zu rezitieren. So ist die Absicht meiner Worte, meine Wertschätzung auszudrücken, weiter nichts. Unser Weg ist nicht zu sitzen, um etwas zu erreichen, sondern um unsere wahre Natur auszudrücken. Das ist unsere Praxis.

Wenn ihr euch selbst, eure wahre Natur ausdrücken wollt, dann sollte es dafür eine natürliche und angemessene Art und Weise geben. Selbst das Neigen nach rechts oder links, während ihr euch hinsetzt oder vom Zazen aufsteht, ist ein Ausdruck eurer selbst. Es ist keine Vorbereitung für die Praxis oder Entspannung nach der Praxis, es ist Teil der Praxis. Wir sollten es also nicht so ausführen, als wäre es eine Vorbereitung für etwas anderes. Das gilt ebenso für euer tägliches Leben. Kochen, eine Mahlzeit zubereiten ist, wie Dogen sagte, keine Vorbereitung, sondern Praxis. Wenn ihr kocht, bereitet ihr nicht einfach für jemand anderen oder für euch ein Essen zu, sondern ihr drückt damit eure Aufrichtigkeit aus. Wenn ihr also kocht, solltet ihr euch selbst mit dieser Tätigkeit in der Küche ausdrücken. Nehmt euch reichlich Zeit dazu. Arbeitet daran, ohne etwas anderes im Sinn zu haben und ohne etwas zu erwarten. Ihr solltet einfach kochen! Auch das ist ein Ausdruck unserer Aufrichtigkeit, ein Teil unserer Praxis. Es ist notwendig, in dieser Weise Zazen zu sitzen, aber das Sitzen ist nicht unser einziger Weg. Was immer ihr tut, es sollte ein Ausdruck derselben tiefgründigen Aktivität sein. Wir sollten das wertschätzen, was wir tun. Es gibt keine Vorbereitung für etwas anderes.

Der Weg des Boddhisattva wird auch der „Weg der ungeteilten Aufmerksamkeit" genannt oder die „tausende Meilen langen Eisenbahngleise". Die Eisenbahngleise bleiben sich immer gleich. Es wäre verheerend, wenn sie weiter oder enger würden. Wohin ihr auch geht, die Eisenbahngleise sind immer die gleichen. So ist auch der Weg des Bodhisattva. Selbst wenn die Sonne im Westen aufginge, hat der Bodhisattva nur einen Weg. Sein Weg besteht darin, seine Natur und seine Aufrichtigkeit in jedem Augenblick auszudrücken.

Wir sagen Eisenbahngleise, aber in Wirklichkeit gibt es das gar nicht. Die Aufrichtigkeit selbst ist das Eisenbahngleis. Die Aussicht aus dem Zug wird sich verändern, aber wir bewegen uns immer auf demselben Gleis. Und das Gleis hat keinen Anfang und kein Ende: anfangloses und endloses Gleis. Es gibt weder Ausgangspunkt noch Ziel, nichts zu erreichen. Nur auf dem Gleis zu fahren ist unser Weg. Das ist die Natur unserer Zen-Praxis.

Doch wenn ihr neugierig seid auf die Eisenbahnschienen, dann wird es gefährlich. Schaut nicht auf das Gleis. Wenn ihr es tut, wird euch schwindelig werden. Schätzt einfach den Ausblick, den ihr vom Zug aus habt. Das ist unser Weg. Die Passagiere brauchen nicht neugierig auf das Gleis zu sein. Jemand wird sich darum kümmern; Buddha wird sich darum kümmern. Doch manchmal versuchen wir, das Gleis zu erklären, weil wir neugierig werden, wenn etwas immer gleich ist. Wir fragen uns: „Wie ist es möglich, für den Bodhisattva, immer der Gleiche zu sein? Was ist sein Geheimnis?“ Doch es gibt kein Geheimnis. Jeder hat die gleiche Natur wie das Eisenbahngleis.

Es waren einmal zwei gute Freunde, Chokei und Hofuku. Sie sprachen vom Weg des Bodhisattva, und Chokei sagte: „Selbst wenn der Arhat (ein Erleuchteter) böse Gelüste hätte, so hat der Tathagata (Buddha) dennoch nicht zweierlei Art von Worten. Ich sage, der Tathagata hat Worte, aber keine dualistischen.“ Hofuku erwiderte: „Das magst du zwar sagen, aber dein Kommentar ist nicht einwandfrei.“ Da fragte Chokei: „Wie verstehst du die Worte des Tathagata?“ Hofuku sagte: „Wir haben genug debattiert, lass uns eine Tasse Tee trinken!“ Hofuku gab seinem Freund keine Antwort, weil es unmöglich ist, unseren Weg mit Worten zu erklären. Trotzdem diskutierten diese beiden guten Freunde als Teil ihrer Praxis über den Weg des Bodhisattva, obwohl sie nicht erwarteten, eine neue Erklärung zu finden. Daher antwortete Hofuku: „Unsere Diskussion ist beendet, lass uns Tee trinken!“

Das ist eine sehr gute Antwort, nicht wahr? Das Gleiche gilt für meinen Vortrag – wenn meine Rede zu Ende ist, ist auch euer Zuhören zu Ende. Ihr braucht euch nicht zu merken, was ich sage; ihr braucht auch nicht zu verstehen, was ich sage. Ihr versteht es. Ihr habt das volle Verstehen in euch selbst. Es gibt kein Problem.

WIEDERHOLUNG

Wenn ihr den Sinn für Wiederholung verliert, dann wird eure Praxis recht schwierig werden.

Das indische Denken und die Praxis, die dem Buddha begegneten, basierten auf der Vorstellung, dass der Mensch eine Verbindung von spirituellen und physischen Elementen sei. Man glaubte, dass die physische Seite des Menschen seine spirituelle Seite einenge, festhalte, und deshalb war die religiöse Praxis darauf ausgerichtet, das physische Element zu schwächen, um den Geist zu befreien und zu stärken. Daher betonte die Praxis, die der Buddha in Indien vorfand, die Askese. Als er jedoch Askese praktizierte, fand er, dass es keine Grenze gibt für das Bemühen, sich körperlich zu reinigen, und dass dies das religiöse Leben sehr idealistisch macht. Diese Art Krieg gegen unseren Körper kann nur enden, wenn wir sterben. Doch gemäß diesem indischen Denken kehren wir in einem anderen Leben zurück und wieder in einem anderen, um denselben Kampf zu wiederholen, ohne jemals die vollkommene Erleuchtung zu erlangen. Und selbst wenn ihr glaubt, ihr könntet eure körperliche Kraft so weit schwächen, dass eure geistigen Kräfte frei werden, so funktioniert das nur, solange ihr die Askese fortsetzt. Wenn ihr euer tägliches Leben wieder aufnehmt, müsst ihr euren Körper kräftigen, aber dann müsst ihr ihn wieder schwächen, um eure spirituelle Kraft zurückzugewinnen, und diesen Prozess müsst ihr unentwegt wiederholen. Das mag eine zu einfache Darstellung der indischen Praxis sein, wie der Buddha sie vorfand, und wir mögen darüber lachen, aber es gibt tatsächlich Menschen, die diese Praxis bis zum heutigen Tag fortführen. Ohne es zu merken, haben sie diese Vorstellung von Askese gewissermaßen in ihrem Hinterkopf. Aber auf diese Weise zu praktizieren wird zu keinerlei Fortschritt führen.

Der Weg des Buddha war ein ganz anderer. Zuerst studierte er die Hindu-Praxis seiner Zeit und seiner Gegend und praktizierte

Askese. Doch der Buddha war nicht an den Elementen interessiert, aus denen menschliche Wesen sich zusammensetzen, ebensowenig wie an metaphysischen Theorien der Existenz. Er beschäftigte sich vielmehr damit, wie er selbst in diesem Augenblick existierte. Darum ging es ihm. Brot wird aus Mehl gemacht. Wie das Mehl zu Brot wird, wenn es in den Ofen kommt, das war für den Buddha die wichtigste Frage. Wie wir erleuchtet werden, interessierte ihn am meisten. Der erleuchtete Mensch ist ein vollkommenes, anziehendes Wesen, für sich selbst und andere. Der Buddha wollte herausfinden, wie Menschen dieses ideale Wesen entwickeln können – wie die unterschiedlichen Weisen in der Vergangenheit zu Weisen wurden. Um herauszufinden, wie Teig zu vollkommenem Brot wird, machte er es immer und immer wieder, bis er darin erfolgreich war. Das war seine Praxis.

Aber für uns mag es nicht so interessant sein, jeden Tag immer wieder dasselbe zu kochen. Ihr könntet sagen, dass das eher langweilig ist. Wenn ihr den Sinn für Wiederholung verliert, dann wird es recht schwierig, aber es wird nicht schwierig sein, wenn ihr voll Kraft und Vitalität seid. Wir können ohnehin nicht stillhalten, wir müssen etwas tun. Wenn ihr also etwas tut, solltet ihr sehr aufmerksam, sorgfältig und wach sein. Unser Weg ist, den Teig in den Backofen zu schieben und ihn sorgfältig zu beobachten. Wenn ihr einmal wisst, wie Teig zu Brot wird, dann versteht ihr Erleuchtung. Wie also dieser physische Körper zu einem Weisen wird, das ist unser Hauptinteresse. Es geht uns nicht so sehr darum, was Mehl ist oder was Teig oder was ein Weiser ist. Ein Weiser ist ein Weiser. Es geht nicht um metaphysische Erklärungen der menschlichen Natur.

Die Art von Praxis, die wir betonen, kann so nicht zu idealistisch werden. Wenn ein Künstler zu idealistisch wird, wird er sich umbringen, weil sein Ideal und seine tatsächliche Fähigkeit zu weit auseinander klaffen. Keine Brücke ist lang genug, um diese Kluft zu überspannen, also wird er in Verzweiflung geraten. So geht es gewöhnlich mit dem spirituellen Weg. Doch unser spiritueller Weg ist nicht so idealistisch. In gewissem Sinn sollten wir schon idealistisch sein, jedenfalls sollten wir gerne Brot backen, das gut schmeckt und gut aussieht! Wirkliche Praxis heißt, es immer und immer zu wiederholen, bis ihr herausfindet, wie ihr Brot werdet. In unserem Weg steckt kein Geheimnis. Nur Zazen praktizieren und uns selbst in den Backofen stecken, das ist unser Weg.

Zen und Aufregung

Zen ist nichts Aufregendes, sondern Konzentration auf unsere Verrichtungen des täglichen Lebens.

Mein Meister starb, als ich einunddreißig Jahre alt war. Obwohl ich nichts anderes wollte, als mich im Eiheiji-Kloster der Zen-Übung zu widmen, musste ich die Nachfolge meines Meisters in seinem Tempel antreten. Ich hatte ziemlich viel zu tun, und da ich so jung war, hatte ich viele Schwierigkeiten. Daraus gewann ich zwar einige Erfahrung, aber das ist nichts im Vergleich zu dem wahren, ruhigen, ausgeglichenen Weg des Lebens.

Wir müssen auf dem Weg beharrlich und ausdauernd bleiben. Zen ist nichts Aufregendes, sondern Konzentration auf unsere Verrichtungen des täglichen Lebens. Wenn ihr zu geschäftig und zu aufgeregt werdet, wird euer Geist rau und grob. Das ist nicht gut. Versucht nach Möglichkeit, ruhig und heiter zu sein und euch von Aufregungen fern zu halten. Gewöhnlich werden wir Tag für Tag, Jahr für Jahr immer geschäftiger, ganz besonders in unserer modernen Welt. Wenn wir alte, vertraute Orte nach langer Zeit wieder aufsuchen, staunen wir über die Veränderungen. Das ist nun mal so. Wenn wir aber an Aufregung interessiert sind oder an unserer eigenen Veränderung, werden wir in unser geschäftiges Leben völlig hineingezogen und sind verloren. Wenn euer Geist jedoch ruhig und unerschütterlich ist, könnt ihr euch von der lärmenden Welt fern halten, selbst wenn ihr mitten drin steht. Inmitten von Lärm und Veränderung wird euer Geist ruhig und gefestigt sein.

Zen ist nicht etwas, das einen aufregt. Manche beginnen bloß aus Neugier Zen zu praktizieren, aber damit werden sie nur noch geschäftiger. Wenn die Praxis euren Zustand verschlimmert, ist das lächerlich. Ich glaube, wenn ihr einmal in der Woche Zazen übt, seid ihr genug beschäftigt. Seid nicht zu sehr an Zen interessiert. Wenn junge Leute sich für Zen begeistern, geben sie oft die Schule auf und gehen in die Berge oder in die Wälder, um zu sitzen. Solches Interesse ist kein wirkliches Interesse.

Fahrt in eurer ruhigen, alltäglichen Praxis einfach fort, so wird sich euer Charakter aufbauen! Wenn euer Geist ständig beschäftigt ist, dann gibt es keine Zeit zum Aufbauen, und ihr werdet keinen Erfolg haben, insbesondere wenn ihr zu hart daran arbeitet. Den Charakter aufbauen ist wie Brot backen – man muss ihn nach und nach, Schritt für Schritt mischen, und man braucht eine mäßige Temperatur. Ihr kennt euch selbst recht gut und wisst, welche Temperatur ihr braucht. Ihr wisst genau, was ihr braucht. Aber wenn ihr zu aufgeregt seid, vergesst ihr, welche Temperatur gut für euch ist, und verbaut euren Weg. Das ist sehr gefährlich.

Der Buddha sagte dasselbe von einem guten Ochsentreiber. Der Treiber weiß, wie viel Last der Ochse tragen kann, und bewahrt den Ochsen vor Überlastung. Ihr kennt euren Weg und euren Geisteszustand. Bürdet euch nicht zu viel auf! Der Buddha sagte auch, dass der Aufbau des Charakters dem Bau eines Dammes gleicht. Bei der Herstellung des Fundaments müsst ihr sehr sorgfältig sein. Wenn ihr versucht, alles auf einmal zu machen, wird Wasser durchsickern. Macht das Fundament sorgfältig, und ihr werdet schließlich einen festen Damm für das Staubecken haben.

Unsere wenig aufregende Art der Praxis mag sehr negativ erscheinen. Aber das ist sie nicht. Es ist ein weiser und wirkungsvoller Weg, an uns selbst zu arbeiten. Er ist nur sehr schlicht. Ich finde, dass die Leute, vor allem junge Leute, große Schwierigkeiten haben, dies zu verstehen. Andererseits mag es so erscheinen, als würde ich von stufenweiser Erleuchtung sprechen. Auch das stimmt nicht. Tatsächlich ist dies der plötzliche Weg, denn wenn eure Übung ruhig und alltäglich ist, ist das tägliche Leben selbst die Erleuchtung.

Rechtes Bemühen

Wenn eure Praxis gut ist, werdet ihr vielleicht stolz darauf werden. Was ihr tut, ist gut, aber ihr habt noch etwas hinzugefügt. Stolz ist etwas Zusätzliches. Rechtes Bemühen heißt das Zusätzliche loswerden.

Das Wichtigste in eurer Praxis ist das rechte oder vollkommene Bemühen. Rechtes Bemühen, in die richtige Richtung gelenkt, ist notwendig. Wenn euer Bemühen in die falsche Richtung gelenkt wird, besonders wenn ihr dessen nicht gewahr seid, dann ist es verwirrte Bemühung. Das Bemühen in unserer Praxis sollte von Erreichen auf Nicht-Erreichen gerichtet sein.

Wenn ihr etwas tut, wollt ihr gewöhnlich etwas erreichen und haftet an einem Ziel. „Von Erreichen zu Nicht-Erreichen" heißt, die unnützen und schlechten Auswirkungen des Bemühens loszuwerden. Wenn ihr etwas im Geist des Nicht-Erreichens tut, hat es eine gute Qualität. Etwas zu tun, ohne sich auf besondere Weise dabei anzustrengen, ist genug. Wenn ihr eine besondere Anstrengung macht, um etwas zu erreichen, dann kommt eine Qualität von Übermäßigkeit hinein, ein zusätzliches Element. Ihr solltet das, was übermäßig ist, loswerden. Wenn eure Praxis gut ist, werdet ihr, ohne es zu merken, stolz darauf werden. Dieser Stolz ist etwas Zusätzliches. Was ihr tut, ist gut, aber ihr habt noch etwas hinzugefügt. Rechtes Bemühen heißt dieses Zusätzliche loswerden. Dieser Punkt ist ungemein wichtig, doch gewöhnlich sind wir nicht feinsinnig genug, um dies zu bemerken, und gehen so in die falsche Richtung.

Weil wir alle das Gleiche tun, den gleichen Fehler machen, wird uns das nicht klar. So machen wir viele Fehler, ohne es zu merken. Und wir bereiten uns gegenseitig viele Probleme. Diese Art schlechten Bemühens nennt man „dharma-besessen" oder „praxisbesessen". Ihr seid in eine Vorstellung von Praxis oder Erleuchtung verstrickt und kommt nicht davon los. Wenn ihr in eine dualistische Idee verstrickt seid, heißt das, dass eure Praxis nicht rein ist. Unter Reinheit verstehen wir nicht, etwas zu polieren oder zu versuchen, etwas Unreines rein zu machen. Mit Reinheit meinen wir einfach die Dinge, wie sie sind. Wenn etwas hinzugefügt wird, ist das unrein. Wenn etwas dualistisch wird, dann ist es nicht rein. Wenn ihr glaubt, ihr habt etwas davon, wenn ihr Zazen praktiziert, seid ihr schon in unreine Praxis verstrickt. Man kann ja sagen, dass es Praxis gibt und dass es Erleuchtung gibt, aber wir sollten uns in dieser Aussage nicht verfangen. Ihr solltet euch damit nicht verunreinigen. Wenn ihr Zazen praktiziert, dann praktiziert einfach Zazen. Wenn die Erleuchtung kommt, dann kommt sie. Wir sollten am Erreichen nicht anhaften. Die wahre Eigenart von Zazen ist immer da, auch wenn ihr dessen nicht gewahr seid, also vergesst alles, was ihr eurer Meinung nach davon gewonnen habt. Tut es einfach. Die Eigenart von Zazen wird sich selbst zum Ausdruck bringen; dann habt ihr sie.

Manche Menschen fragen, was es heißt, Zazen zu praktizieren, ohne die Vorstellung, etwas erreichen zu wollen; welche Art Anstrengung dafür notwendig sei? Die Antwort ist: Sich zu bemühen, das loszuwerden, was wir zusätzlich aus unserer Praxis gewinnen wollen. Wenn eine zusätzliche Vorstellung auftaucht, versuchen wir sie anzuhalten. Wir sollten in der reinen Praxis verweilen. Das ist der Punkt, auf den sich unsere Anstrengung richtet.

Wir sagen: „Den Klang einer klatschenden Hand hören." Gewöhnlich entsteht der Klang des Klatschens durch zwei Hände, und wir meinen, dass das Klatschen mit einer Hand gar keinen Klang erzeugt. Doch in Wirklichkeit *ist* eine Hand Klang. Obwohl ihr ihn nicht hört, ist Klang da. Wenn ihr mit zwei Händen klatscht, könnt ihr den Klang hören. Doch wenn der Klang nicht schon existierte, bevor ihr klatscht, dann könntet ihr ihn nicht erzeugen. Bevor ihr ihn hervorbringt, ist der Klang schon da. Weil es Klang gibt, könnt ihr ihn erzeugen, und ihr könnt ihn hören. Klang ist überall. Wenn ihr das einfach praktiziert, ist der Klang da. Versucht nicht, ihn zu hören. Wenn ihr ihn nicht zu erlauschen versucht, ist der Klang überall. Weil ihr versucht, ihn zu hören, gibt es manchmal einen Klang, und manchmal gibt es ihn nicht. Versteht ihr? Auch wenn ihr gar nichts tut, habt ihr immer die Eigenart von Zazen. Doch wenn ihr sie sucht, wenn ihr diese Qualität sehen wollt, dann habt ihr sie nicht.

Ihr lebt in dieser Welt als einzelne Individuen, doch bevor ihr die Form eines menschlichen Wesens annehmt, seid ihr bereits da, wart ihr immer schon da. Wir sind immer hier. Versteht ihr? Ihr glaubt, bevor ihr geboren wurdet, wart ihr nicht hier. Doch wie ist es euch möglich, in dieser Welt zu erscheinen, wenn es euch nicht gibt? Weil ihr bereits da seid, könnt ihr in der Welt erscheinen. Ebenso kann etwas, das nicht existiert, nicht verschwinden. Weil etwas da ist, kann es verschwinden. Ihr denkt vielleicht, wenn ihr sterbt, verschwindet ihr, dann existiert ihr nicht mehr. Doch obwohl ihr verschwindet, kann etwas, das existiert, nicht nicht-existent sein. Das ist das Wunderbare. Wir selbst können keinen magischen Zauber auf die Welt ausüben. Die Welt ist ihr eigener Zauber. Wenn wir etwas anschauen, kann es aus unserer Sicht verschwinden, aber wenn wir nicht versuchen, es zu sehen, kann dieses Etwas nicht verschwinden. Weil ihr es betrachtet, kann es verschwinden, doch wenn niemand es betrachtet, wie ist es dann möglich, dass etwas verschwindet? Wenn jemand euch betrachtet, könnt ihr ihm entkommen, doch wenn niemand hinschaut, könnt ihr euch selbst nicht entkommen.

Versucht also nicht, etwas Besonderes zu sehen; versucht nicht, etwas Besonderes zu erreichen. Ihr habt schon alles in eurem eigenen reinen Wesen. Wenn ihr diese letztendliche Wirklichkeit versteht, gibt es keine Angst. Es mag Schwierigkeiten geben, sicher, aber es gibt keine Angst. Wenn Menschen Schwierigkeiten haben, ohne sich dieser bewusst zu sein, dann ist das eine echte Schwierigkeit. Sie mögen sehr zuversichtlich wirken, sie mögen denken, dass sie eine große Anstrengung in die richtige Richtung machen, doch ohne, dass sie es wissen, entspringt, was sie tun, ihrer Angst. Etwas mag für sie verschwinden. Doch wenn euer Bemühen in die richtige Richtung geht, dann gibt es keine Angst, etwas zu verlieren. Selbst wenn es in die falsche Richtung geht, solange ihr euch dessen bewusst seid, werdet ihr nicht verwirrt sein. Es gibt nichts zu verlieren. Es gibt nur die dauerhafte, reine Qualität der rechten Praxis.

KEINE SPUR

Wenn ihr etwas tut, solltet ihr euch vollständig verbrennen wie ein gutes Feuer, das keine Spuren hinterlässt.

Wenn wir Zazen praktizieren, ist unser Geist ruhig und ganz einfach. Doch gewöhnlich ist unser Geist sehr geschäftig und kompliziert, und es fällt uns schwer, uns auf das zu konzentrieren, was wir gerade tun. Das kommt daher, dass wir denken, bevor wir handeln, und dieses Denken hinterlässt eine Spur. Unsere Aktivität ist überschattet von einer vorgefassten Idee. Das Denken hinterlässt nicht nur eine Spur oder einen Schatten, sondern ruft auch viele weitere Vorstellungen von anderen Tätigkeiten und Dingen in uns hervor. Diese Vorstellungen und Spuren machen unseren Geist sehr kompliziert. Wenn wir etwas tun, mit einem ganz einfachen, klaren Geist, haben wir keine Vorstellungen oder Schatten, und unsere Tätigkeit ist kraftvoll und direkt. Doch wenn wir etwas mit einem komplizierten Geist tun, in Beziehung zu Dingen, Menschen oder der Gesellschaft, wird unsere Aktivität sehr komplex.

Die meisten Menschen gehen an eine Tätigkeit mit einer doppelten oder dreifachen Absicht heran. Es gibt die Redensart „zwei Fliegen auf einen Schlag". Das ist es, was die Menschen gewöhnlich tun wollen. Weil sie zu viele Fliegen erwischen wollen, fällt es ihnen schwer, sich auf *eine* Tätigkeit zu konzentrieren, und schließlich erwischen sie dann womöglich gar keine Fliege! Diese Art zu denken hinterlässt immer einen Schatten auf ihrem Tun. Dieser Schatten ist nicht eigentlich das Denken selbst. Natürlich ist es oft nötig, nachzudenken oder etwas vorzubereiten, bevor wir handeln. Aber rechtes Denken hinterlässt keinen Schatten. Das Denken, das Spuren hinterlässt, kommt aus eurem relativen, verwirrten Geist. Relativer Geist ist der Geist, der sich selbst zu anderen Dingen in Beziehung setzt und sich dadurch selbst begrenzt. Es ist dieser kleine Geist, der Gedanken, etwas zu erreichen, hervorruft und seine Spuren zurücklässt. Wenn ihr eine Spur eures Denkens in eurem Tun hinterlasst, werdet ihr an dieser Spur anhaften. So könntet ihr zum Beispiel sagen: „Das habe *ich* getan!" Doch in Wirklichkeit ist es nicht so. Aus eurer Erinnerung mögt ihr sagen: „Ich habe dies und jenes in einer bestimmten Weise getan", aber in Wirklichkeit ist es nie genau das, was geschehen ist. Wenn ihr so denkt, begrenzt ihr die tatsächliche Erfahrung dessen, was ihr getan habt. Wenn ihr also dem Gedanken an das, was ihr getan habt, anhaftet, seid ihr in selbstbezogene Gedanken verstrickt.

Oft denken wir, was wir getan haben, sei gut, aber vielleicht verhält sich das gar nicht so. Wenn wir alt werden, sind wir oft sehr stolz auf das, was wir vollbracht haben. Wenn andere zuhören, wie einer mit Stolz von den Dingen erzählt, die er getan hat, haben sie ein komisches Gefühl, denn sie wissen, dass seine Erinnerung einseitig ist. Sie wissen, dass das, was er ihnen erzählt, nicht genau das ist, was er getan hat. Außerdem, wenn er auf seine Taten stolz ist, wird dieser Stolz ihm selbst ein Problem schaffen. Wenn er seine Erinnerungen auf diese Weise ständig wiederholt, wird seine Persönlichkeit immer verdrehter, bis er ein unangenehmer, sturer Kerl geworden ist. Das ist ein Beispiel dafür, wie das Denken eines Menschen Spuren hinterlässt. Wir sollten nicht vergessen, was wir gemacht haben, aber es sollte ohne eine zusätzliche Spur sein. Eine Spur zu hinterlassen ist nicht dasselbe, wie sich an etwas erinnern. Wir sollten uns an unsere Taten erinnern, aber wir sollten an dem, was wir getan haben, nicht in einem bestimmten Sinn anhaften. Was wir „Anhaften" nennen, meint eben diese Spuren unseres Denkens und Handelns.

Um keine Spuren zu hinterlassen, solltet ihr, wenn ihr etwas tut, es mit eurem ganzen Körper und Geist tun; auf das konzentriert, was ihr tut. Ihr solltet es vollständig tun, wie ein gutes Feuer. Ihr solltet kein rauchendes Feuer sein. Ihr solltet euch vollständig verbrennen. Wenn ihr euch nicht vollständig verbrennt, bleibt eine Spur von euch in dem zurück, was ihr tut. Es bleibt euch etwas zurück, das nicht vollständig verbrannt ist. Zen-Aktivität ist Aktivität, die restlos ausgebrannt ist, bei der nichts zurückbleibt als

Asche. Das ist das Ziel unserer Praxis. Das meinte Dogen, als er sagte: „Asche wird nicht mehr zu Brennholz." Asche ist Asche. Asche sollte vollständig Asche sein. Brennholz sollte Brennholz sein. Wenn diese Art von Aktivität stattfindet, dann umfasst eine Aktivität alles.

Unsere Praxis ist daher keine Angelegenheit von einer oder zwei Stunden oder von einem Tag oder einem Jahr. Wenn ihr mit eurem ganzen Körper und Geist Zazen praktiziert, selbst nur für einen Augenblick, dann ist dies Zazen. So solltet ihr euch Augenblick für Augenblick eurer Praxis widmen. Es sollte von dem, was ihr tut, nichts übrig bleiben. Doch das heißt nicht, alles zu vergessen. Wenn ihr diesen Punkt versteht, wird alles dualistische Denken, werden alle Probleme des Lebens verschwinden.

Wenn ihr Zen praktiziert, dann werdet ihr eins mit Zen. Dann gibt es kein „ihr" und kein Zazen. Wenn ihr euch verbeugt, gibt es keinen Buddha und kein „ihr". Eine vollständige Verbeugung findet statt, das ist alles. Das ist Nirvana. Als der Buddha unsere Lehre an Maha Kashyapa weitergab, hob er einfach eine Blume hoch und lächelte. Nur Maha Kashyapa verstand, was er meinte; sonst verstand ihn niemand. Wir wissen nicht, ob dies eine historische Tatsache ist oder nicht, aber sie hat eine Bedeutung. Es ist eine Demonstration unseres überlieferten Weges. Eine Aktivität, die alles umfasst, ist wahre Aktivität, und das Geheimnis dieser Aktivität wird von Buddha an uns übertragen. Das ist Zen-Praxis, nicht eine Lehre, die der Buddha lehrte, oder irgendwelche Lebensregeln, die er aufgestellt hat. Die Lehre oder die Regeln sollten je nach dem Ort und den Menschen, die sie befolgen, verändert werden, aber das Geheimnis dieser Praxis kann nicht verändert werden. Es ist immer wahr.

Daher gibt es für uns keinen anderen Weg, in dieser Welt zu leben. Ich glaube, dass das wahr ist; und es ist leicht anzunehmen, leicht zu verstehen und leicht zu praktizieren. Wenn ihr das auf diese Praxis gegründete Leben mit dem vergleicht, was in dieser Welt oder in der menschlichen Gesellschaft geschieht, dann werdet ihr entdecken, wie wertvoll die Wahrheit ist, die der Buddha uns hinterließ. Sie ist ganz einfach, und die Praxis ist ganz einfach. Dennoch sollten wir nicht darüber hinwegsehen; ihr großer Wert muss entdeckt werden. Wenn etwas so einfach ist, sagen wir gewöhnlich: „Ach, das kenne ich! Es ist ganz einfach, jeder kennt das." Doch wenn wir den Wert dessen nicht entdecken, bedeutet es nichts. Es ist genauso wie Nichtwissen. Je mehr ihr Kultur versteht, desto mehr werdet ihr verstehen, wie wahr und notwendig diese Lehre ist. Anstatt eure eigene Kultur bloß zu kritisieren, solltet ihr euch mit Körper und Geist dem Praktizieren dieses einfachen Weges hingeben. Dann werden Gesellschaft und Kultur aus euch selbst erwachsen. Es ist in Ordnung, dass die Leute, die an ihrer Kultur zu sehr anhaften, kritisch sind. Ihre kritische Haltung bedeutet, dass sie zu der einfachen Wahrheit, die der Buddha hinterlassen hat, zurückkehren. Doch unser Zugang ist, konzentriert zu sein auf eine einfache, grundlegende Praxis und auf ein einfaches, grundlegendes Verständnis des Lebens. In unserem Handeln sollten keine Spuren sein. Wir sollten keinen ausgefallenen Ideen oder schönen Dingen anhängen. Wir sollten nicht nach etwas suchen, das gut ist. Die Wahrheit ist immer nahe zur Hand, in eurer Reichweite.

Gott als Gebender

„Geben ist Nicht-Anhaften." Das bedeutet, keinem Ding anhaften ist Geben.

Jede Existenz in der Natur, jede Existenz in der menschlichen Welt, jedes kulturelle Werk, das wir schaffen, ist, relativ ausgedrückt, etwas, das uns gegeben wurde oder gegeben wird. Da aber alles ursprünglich Eins ist, geben wir in Wirklichkeit alles aus uns heraus. Augenblick für Augenblick schaffen wir etwas, und das ist die Freude unseres Lebens. Doch dieses „Ich", das schöpferisch tätig ist und immerfort gibt, ist nicht das „kleine Ich", sondern das „große Ich". Selbst wenn ihr das Einssein dieses „großen Ich" mit allem nicht erkennt, fühlt ihr euch gut, wenn ihr etwas gebt, weil ihr euch zu diesem Zeitpunkt eins fühlt mit dem, was ihr gebt. Deshalb fühlt man sich beim Geben besser als beim Nehmen.

Wir haben einen Ausspruch: „Dana prajna paramita". „Dana" bedeutet Geben, „prajna" ist Weisheit, und „paramita" bedeutet, überzusetzen oder das andere Ufer zu erreichen. Unser Leben kann man als eine Flussüberquerung ansehen. Ziel der Bemühungen unseres Lebens ist es, Nirvana, das andere Ufer, zu erreichen. „Prajna paramita", die wirkliche Weisheit des Lebens, bedeutet, dass mit jedem Schritt auf dem Weg das andere Ufer tatsächlich bereits erreicht wird. Das andere Ufer mit jedem Schritt des Überquerens zu erreichen ist der Weg des wahren Lebens. „Dana prajna paramita" ist der erste der sechs Wege des wahren Lebens. Der zweite ist „sila prajna paramita", oder die buddhistischen Gelöbnisse. Dann gibt es „kshanti prajna paramita", die Ausdauer; „virya prajna paramita", Eifer und ständiges Bemühen; „dhyana prajna paramita", die Zen-Praxis und „prajna paramita", die Weisheit. Eigentlich sind diese sechs „prajna paramita" ein Weg, aber so wie wir das Leben von verschiedenen Seiten betrachten können, zählen wir sechs.

Dogen Zenji sagte: „Geben ist Nicht-Anhaften." Das bedeutet, keinem Ding anhaften ist Geben. Es spielt keine Rolle, was gegeben wird. Einen Pfennig zu geben oder ein Stückchen eines Blattes ist „dana prajna paramita"; eine Zeile oder auch nur ein Wort der Lehre zu geben, ist „dana prajna paramita". Wenn sie im Geist des Nicht-Anhaftens gegeben werden, haben die materielle Gabe und die Gabe der Lehre den gleichen Wert. Mit dem rechten Geist ist alles, was wir tun, alles, was wir schaffen, „dana prajna paramita". Daher sagte Dogen: „Etwas erzeugen, teilnehmen an menschlicher Aktivität, ist ebenfalls 'dana prajna paramita'. Eine Fähre für Menschen zur Verfügung zu stellen oder eine Brücke für sie zu bauen ist 'dana prajna paramita'." Wirklich, eine Zeile der Lehre zu vermitteln kann vielleicht für jemanden eine Fähre sein!

Nach der christlichen Lehre ist jede Existenz in der Natur etwas für uns Geschaffenes oder uns von Gott Gegebenes. Das ist die vollkommene Vorstellung des Gebens. Doch wenn ihr denkt, dass Gott den Menschen schuf und dass ihr irgendwie getrennt seid von Gott, dann glaubt ihr womöglich, dass ihr die Fähigkeit besitzt, etwas Separates zu schaffen, etwas, das nicht von Ihm gegeben wurde. Wir schaffen zum Beispiel Flugzeuge und Autobahnen. Und wenn wir wiederholen: „Ich schaffe, ich schaffe, ich schaffe", vergessen wir bald, wer dieses „Ich" eigentlich ist, das die verschiedenen Dinge erschafft, und dann denken wir bald nicht mehr an Gott. Das ist die Gefahr der menschlichen Kultur. Mit dem „großen Ich" schaffen heißt in Wirklichkeit geben. Wir können nicht schaffen und für uns selbst beanspruchen, was wir schaffen, da alles von Gott erschaffen wurde. Das sollten wir nicht vergessen. Doch weil wir nun einmal vergessen, wer der Schöpfer ist und was der Grund der Schöpfung ist, haften wir an dem materiellen Wert oder Tauschwert. Dieser ist wertlos im Vergleich mit dem Wert von etwas als Schöpfung Gottes. Selbst wenn etwas keinen materiellen oder relativen Wert für ein „kleines Ich" besitzt, so hat es doch einen absoluten Wert in sich selbst. Nicht an etwas anhaften heißt um dessen absoluten Wert wissen. Alles, was ihr tut, sollte auf einem solchen Gewahrsein gegründet sein, nicht auf materiellen oder selbstbezogenen Wertvorstellungen. Dann ist, was immer ihr tut, echtes Geben, „dana prajna paramita".

Wenn wir in der Haltung mit gekreuzten Beinen sitzen, gewinnen wir unsere ursprüngliche schöpferische Aktivität zurück. Es gibt vielleicht drei Arten des Schöpferischen. Die erste besteht darin, dass wir unserer selbst gewahr sind, nachdem wir Zazen beendet haben. Wenn wir sitzen, sind wir nichts, wir merken nicht einmal, was wir sind; wir sitzen einfach. Doch wenn wir aufstehen, sind wir da! Das ist die erste Stufe der Schöpfung. Wenn ihr da seid, ist alles andere auch da; alles ist auf einmal erschaffen. Wenn wir aus dem Nichts auftauchen, sehen wir alles als frische, neue Schöpfung. Das ist Nicht-Anhaften. Die zweite Art der Schöpfung ist, wenn ihr handelt, wenn ihr etwas produziert oder zubereitet, etwa ein Essen oder einen Tee. Die dritte Art ist, etwas in euch selbst zu schaffen, wie Bildung, Kultur oder Kunst oder eine Institution für unsere Gesellschaft. Es gibt also drei Arten der Schöpfung. Wenn ihr aber die erste und wichtigste vergesst, dann werden die anderen beiden wie Kinder sein, die ihre Eltern verloren haben, und ihre Schöpfung wird nichts bedeuten.

Gewöhnlich vergisst jeder das Zazen. Jeder vergisst Gott. Man arbeitet hart an der zweiten und dritten Art von Schöpfung, aber Gott hilft nicht bei dieser Aktivität. Wie kann Er helfen, wenn Er nicht erkennt, wer Er ist? Deswegen haben wir so viele Probleme in dieser Welt. Wenn wir die ursprüngliche Quelle unseres Schaffens vergessen, sind wir wie Kinder, die nicht wissen, was sie tun sollen, wenn sie ihre Eltern verlieren.

Wenn ihr „dana prajna paramita" versteht, dann werdet ihr auch verstehen, wie es kommt, dass wir uns so viele Probleme schaffen. Natürlich, leben heißt Probleme schaffen. Wenn wir in dieser Welt nicht erschienen wären, hätten unsere Eltern keine Schwierigkeiten mit uns! Durch unser bloßes Erscheinen schaffen wir Probleme für sie. Das ist in Ordnung. Alles schafft irgendwelche Probleme. Doch für gewöhnlich denken die Menschen, wenn sie sterben, sei alles vorüber, und die Probleme würden verschwinden. Aber auch euer Tod kann Probleme schaffen! Tatsächlich sollten unsere Probleme in diesem Leben gelöst oder aufgelöst werden. Doch wenn uns klar ist, dass alles, was wir tun oder schaffen, in Wirklichkeit die Gabe des „großen Ich“ ist, werden wir daran nicht anhaften, und wir werden weder für uns selbst noch für andere Probleme schaffen.

Und wir sollten vergessen, Tag für Tag, was wir getan haben; das ist wahres Nicht-Anhaften. Und wir sollten etwas Neues beginnen. Um etwas Neues zu tun, müssen wir natürlich unsere Vergangenheit kennen, und das ist recht so. Aber wir sollten nicht an irgendetwas, das wir getan haben, festhalten: wir sollten nur darüber nachdenken. Und wir sollten auch eine gewisse Vorstellung davon haben, was wir in Zukunft zu tun haben. Doch Zukunft ist Zukunft, und Vergangenheit ist Vergangenheit; jetzt sollten wir an etwas Neuem arbeiten. Das ist unsere Haltung, und so sollten wir in dieser Welt leben. Das ist „dana prajna paramita“, etwas zu geben oder etwas für uns selbst zu erschaffen. Wenn wir also etwas ganz und gar tun, dann gewinnen wir die wahre Aktivität der Schöpfung zurück. Deswegen sitzen wir. Wenn wir diesen Punkt nicht vergessen, wird alles in schöner Weise vollzogen. Doch, sowie wir dies vergessen, ist die Welt voll von Verwirrung.

Fehler in der Praxis

Wenn eure Praxis etwas Gieriges bekommt, dann werdet ihr entmutigt. Ihr solltet also dankbar sein für ein Zeichen oder ein Warnsignal, das euch den Schwachpunkt eurer Praxis zeigt.

Es gibt verschiedene Weisen schlechter Praxis, die ihr verstehen solltet. Wenn ihr Zazen praktiziert, werdet ihr normalerweise sehr idealistisch: Ihr setzt euch ein Ideal oder ein Ziel, das ihr zu erreichen oder zu erfüllen sucht. Aber, wie ich schon oft gesagt habe, ist das absurd. Wenn ihr idealistisch seid, dann habt ihr die Vorstellung, etwas zu erlangen. Sobald ihr euer Ideal oder Ziel erreicht habt, wird diese Vorstellung sich ein neues Ideal schaffen. Solange eure Praxis also auf einer Vorstellung von Gewinn gegründet ist und ihr Zazen auf eine idealistische Weise praktiziert, habt ihr keine Zeit, euer Ideal tatsächlich zu erreichen. Außerdem opfert ihr dabei die eigentliche Substanz eurer Übung. Weil das, was ihr zu erreichen trachtet, immer vor euch liegt, werdet ihr euch immer für ein Ideal in der Zukunft opfern. Am Ende habt ihr gar nichts. Das ist absurd. Diese Praxis ist gänzlich unangemessene Praxis. Aber noch schlimmer als diese idealistische Haltung ist es, im Zazen mit jemand anderem konkurrieren zu wollen. Das ist eine armselige, schäbige Art von Praxis.

Unser Soto-Weg betont *shikan taza* oder „einfach sitzen". Tatsächlich haben wir gar keinen besonderen Namen für unsere Praxis. Wenn wir Zazen praktizieren, dann tun wir das einfach, und ob wir nun Freude an unserer Praxis haben oder nicht, wir machen es einfach. Selbst wenn wir schläfrig sind und es satt haben, Zazen zu sitzen und Tag für Tag dasselbe zu wiederholen, setzen wir trotzdem unsere Übung fort. Ob uns jemand in unserer Praxis ermutigt oder nicht, wir machen sie einfach.

Sogar wenn ihr alleine, ohne einen Lehrer, Zazen praktiziert, denke ich, dass ihr auf irgendeine Weise herausfinden werdet, ob eure Praxis stimmt oder nicht. Wenn ihr des Sitzens müde seid, oder wenn eure Praxis euch anwidert, solltet ihr das als ein Warnsignal erkennen. Ihr werdet in eurer Praxis entmutigt, wenn sie idealistisch war. In eurer Praxis steckt die Vorstellung, etwas zu gewinnen, und sie ist nicht rein genug. Wenn eure Praxis etwas Gieriges bekommt, dann werdet ihr entmutigt. Ihr solltet also dankbar sein für ein Zeichen oder ein Warnsignal, das euch den Schwachpunkt eurer Praxis zeigt. Dann könnt ihr, indem ihr euren Fehler vergesst und einen neuen Anfang macht, eure ursprüngliche Praxis zurückgewinnen. Das ist ein sehr wichtiger Punkt.

Solange ihr eure Praxis fortsetzt, seid ihr recht sicher, aber da es sehr schwer ist, darin fortzufahren, müsst ihr einen Weg finden, wie ihr euch Mut machen könnt. Da es jedoch schwer ist, sich selbst zu ermutigen, ohne sich dabei in eine armselige Praxis zu verstricken, dürfte es ziemlich schwierig für euch sein, unsere reine Praxis alleine fortzusetzen. Aus diesem Grunde haben wir einen Lehrer. Mit eurem Lehrer werdet ihr eure Praxis berichtigen. Natürlich werdet ihr es mit ihm sehr schwer haben, aber dennoch, ihr werdet immer vor einer falschen Praxis bewahrt bleiben.

Die meisten zen-buddhistischen Priester hatten es schwer mit ihren Meistern. Wenn sie über diese Schwierigkeiten sprechen, denkt ihr vielleicht, dass ihr ohne diese Art von Mühsal nicht Zazen praktizieren könnt. Doch das stimmt nicht. Ob ihr mit dem Praktizieren Schwierigkeiten habt oder nicht, solange ihr fortfahrt damit, habt ihr die reine Praxis in ihrem wahren Sinn. Selbst wenn ihr dessen nicht gewahr seid, habt ihr sie. So hat Dogen Zenji gesagt: „Glaub nicht, dass deine Erleuchtung dir unbedingt bewusst werden wird." Ob ihr der Erleuchtung gewahr werdet oder nicht, ihr habt eure eigene wahre Erleuchtung innerhalb eurer Praxis.

Ein weiterer Fehler ist, zu üben um der Freude willen, die ihr daran habt. Tatsächlich ist es um eure Praxis nicht allzu gut bestellt, wenn sie an Freudengefühle gebunden ist. Freilich ist dies keine armselige Praxis, aber verglichen mit der wahren Praxis ist sie nicht so gut. Im Hinayana-Buddhismus gibt es vier Kategorien der Praxis. Die beste Art ist diejenige, die man einfach tut, ohne Freude darin zu haben, nicht einmal spirituelle Freude. Ihr macht sie einfach, vergesst euer spirituelles und physisches Gefühl, vergesst euch völlig in eurer Praxis. Das ist die vierte oder höchste Stufe. Die nächste ist die, einfach körperliche Freude in der Praxis zu haben. Auf dieser Stufe findet ihr ein gewisses Vergnügen in der Praxis, und ihr praktiziert, weil ihr dies Vergnügen darin findet. Auf der zweiten Stufe empfindet ihr geistige sowie körperliche Freude, ihr habt ein gutes Gefühl. Auf diesen beiden mittleren Stufen praktiziert ihr Zazen, weil ihr euch in der Praxis gut fühlt. Die erste Stufe ist, wenn in eurer Praxis weder Denken noch Neugierde ist. Diese vier Stufen gelten auch für unsere Mahayana-Praxis, und die höchste ist, einfach nur zu praktizieren.

Wenn ihr in eurer Praxis Schwierigkeiten begegnet, so ist das eine Warnung, dass ihr eine falsche Vorstellung habt; also müsst ihr vorsichtig sein. Gebt aber die Praxis nicht auf; macht weiter im Bewusstsein eurer Schwäche. Hier gibt es keine Vorstellung von Gewinn. Hier gibt es keine Fixierung auf das Erreichen der Erleuchtung. Ihr sagt nicht: „Das ist Erleuchtung" oder „Das ist nicht die richtige Praxis." Wenn ihr falsche Praxis als solche erkennt und weitermacht, ist das richtige Praxis. Unsere Praxis kann nicht vollkommen sein, aber ohne uns dadurch entmutigen zu lassen, sollten wir sie fortsetzen. Das ist das Geheimnis der Praxis.

Wenn ihr in eurer Entmutigung auch eine Ermutigung finden wollt, dann ist der Überdruß an eurer Praxis selbst die Ermutigung. Ihr macht euch selbst Mut, wenn die Praxis euch ermüdet. Wenn ihr keine Lust habt, ist das ein Warnsignal. Das ist, wie Zahnschmerzen haben, wenn eure Zähne nicht in Ordnung sind. Wenn ihr Zahnschmerzen habt, geht ihr zum Zahnarzt. Das ist unser Weg.

Die Ursache des Konflikts ist eine fixe Idee oder einseitige Vorstellung. Wenn jeder Mensch den Wert der reinen Praxis kennt, dann haben wir wenig Konflikte in unserer Welt. Das ist das Geheimnis unserer Praxis und der Weg von Dogen Zenji. Dogen kommt in seinem Buch *Shobogenzo* („Eine Schatzkammer des wahren Dharma") wiederholt auf diesen Punkt zurück.

Wenn ihr die Ursache des Konflikts als eine fixe Idee oder einseitige Vorstellung versteht, könnt ihr in verschiedenen Arten von Praxis einen Sinn finden, ohne an einer von ihnen hängen zu bleiben. Wenn ihr euch diesen Punkt nicht klar macht, werdet ihr leicht von einem besonderen Weg eingefangen und sagen: „Das ist Erleuchtung! Das ist die vollkommene Praxis. Das ist unser Weg. Die übrigen Wege sind nicht vollkommen. Dies ist der beste Weg." Das ist ein großer Fehler. Es gibt keinen besonderen Weg in der wahren Praxis. Ihr solltet euren eigenen Weg finden, und ihr solltet wissen, was für eine Art von Praxis ihr jetzt gerade habt. Wenn ihr die Vorteile wie die Nachteile einer besonderen Praxis kennt, könnt ihr diesen Weg ohne Gefahr praktizieren. Doch wenn eure Haltung einseitig ist, dann überseht ihr die Nachteile dieser Praxis und betont nur ihre Vorzüge. Schließlich entdeckt ihr die schlechteste Seite dieser Praxis und verliert den Mut, wenn es zu spät ist. Das ist dumm. Wir sollten dankbar sein, dass die alten Lehrer auf diesen Fehler hingewiesen haben.

Unsere Aktivität begrenzen

Wenn jemand an eine besondere Religion glaubt, wird seine Haltung immer mehr die eines spitzen Winkels, der von ihm selbst weg weist. Auf unserem Weg ist die Spitze des Winkels immer auf uns selbst gerichtet.

In unserer Praxis verfolgen wir keine besondere Absicht oder ein Ziel, noch haben wir irgendeinen bestimmten Gegenstand der Verehrung. In dieser Hinsicht unterscheidet sich unsere Praxis etwas von den üblichen religiösen Praktiken. Der große chinesische Zen-Meister Joshu sagte einmal: „Ein Buddha aus Lehm kann kein Wasser überqueren; ein Buddha aus Bronze kann nicht durch einen Schmelzofen gehen; ein Buddha aus Holz kann nicht durch Feuer gehen." Welche Praxis die eure auch ist, wenn sie auf ein bestimmtes Objekt ausgerichtet ist, etwa einen Buddha aus Lehm, Bronze oder Holz, wird sie nicht immer funktionieren. Solange ihr ein bestimmtes Ziel in eurer Praxis verfolgt, wird sie euch nicht vollständig helfen. Sie mag euch helfen, solange ihr auf dieses Ziel ausgerichtet seid, doch wenn ihr euer tägliches Leben wieder aufnehmt, nützt sie euch nichts.

Ihr denkt vielleicht, wenn in unserer Praxis keine Absicht und kein Ziel ist, werden wir nicht wissen, was wir tun sollen. Aber es gibt einen Weg. Der Weg der Praxis ohne Ziel besteht darin, dass ihr eure Aktivität begrenzt oder euch auf das konzentriert, was ihr in diesem Augenblick tut. Anstatt ein bestimmtes Objekt im Sinn zu haben, solltet ihr eure Aktivität begrenzen. Wenn euer Geist anderswo herumwandert, habt ihr keine Möglichkeit, euch selbst auszudrücken. Doch wenn ihr eure Aktivität auf das beschränkt, was ihr gerade jetzt, in diesem Augenblick, tun könnt, dann seid ihr in der Lage, eure wahre Natur, die allumfassende Buddha-Natur, vollständig auszudrücken. Dies ist unser Weg.

Wenn wir Zazen praktizieren, schränken wir unsere Aktivität auf das kleinste Ausmaß ein. Indem wir einfach die rechte Körperhaltung wahren und uns auf das Sitzen konzentrieren, drücken wir die allumfassende Natur aus. Dann werden wir Buddha und bringen Buddha-Natur zum Ausdruck. Anstatt also einen Gegenstand der Verehrung zu haben, konzentrieren wir uns in jedem Augenblick einfach auf das, was wir tun. Wenn ihr euch verbeugt, solltet ihr euch nur verbeugen; wenn ihr sitzt, solltet ihr nur sitzen; wenn ihr esst, solltet ihr nur essen. Wenn ihr das tut, ist die universale Natur da. Auf Japanisch nennen wir das *ichigyo-zammai* oder „Samadhi in einer Tat". *Sammai* (oder Samadhi) bedeutet „Konzentration", *ichigyo* heißt „eine Praxis".

Ich denke, einige von euch, die hier Zazen praktizieren, glauben an eine andere Religion, aber das stört mich nicht. Unsere Praxis hat nichts mit einem bestimmten religiösen Glauben zu tun. Und für euch gibt es keinen Grund zu zögern, unseren Weg zu praktizieren, weil er mit Christentum, Shintoismus oder Hinduismus nichts zu tun hat. Unsere Praxis ist für alle Menschen da. Wenn jemand an eine bestimmte Religion glaubt, wird seine Haltung gewöhnlich immer mehr die eines spitzen Winkels, der von ihm selbst weg weist. Doch so ist unser Weg nicht. Auf unserem Weg ist der spitze Winkel immer auf uns selbst, nicht von uns weg gerichtet. Daher braucht ihr euch über den Unterschied zwischen dem Buddhismus und der Religion, an die ihr glaubt, keine Sorgen zu machen.

Joshus Aussage über die verschiedenen Buddhas wendet sich an diejenigen, die ihre Praxis nach einem bestimmten Buddha ausrichten. Ein solcher Buddha wird euren Zweck jedoch nicht vollkommen erfüllen. Irgendwann werdet ihr ihn wegwerfen oder zumindest ignorieren müssen. Doch wenn ihr das Geheimnis unserer Praxis versteht, dann seid ihr selbst der „Boss", wohin ihr auch geht. Ganz gleich, wie die Situation auch sein mag, ihr könnt den Buddha nicht außer Acht lassen, denn ihr selbst seid Buddha. Nur dieser Buddha wird euch eine vollkommene Hilfe sein.

SICH SELBST STUDIEREN

Es geht nicht darum, ein tiefes Empfinden für den Buddhismus zu haben. Wir tun einfach, was wir tun sollten, wie zu Abend essen und zu Bett gehen. Das ist Buddhismus.

Beim Studium des Buddhismus ist die Absicht nicht, den Buddhismus zu studieren, sondern uns selbst. Es ist unmöglich, uns selbst zu studieren ohne eine gewisse Unterweisung. Wenn ihr wissen wollt, was Wasser ist, braucht ihr dazu die Wissenschaft, und der Wissenschaftler braucht ein Laboratorium. Im Labor gibt es verschiedene Möglichkeiten zu untersuchen, was Wasser ist. Dadurch ist es möglich zu wissen, aus welchen Elementen Wasser besteht, welche Formen es annimmt, welche Eigenschaften es hat. Doch es ist dadurch nicht möglich, das Wasser als solches zu erkennen. Genauso ist es mit uns. Wir brauchen eine gewisse Unterweisung, aber durch das Studium der Lehre allein ist es nicht möglich zu erkennen, was „Ich" in mir selbst bin. Durch die Lehre mögen wir vielleicht unsere menschliche Natur verstehen. Aber die Lehre ist nicht wir selbst; sie ist nur eine Art, uns zu erklären. Wenn ihr euch also an die Lehre oder den Lehrer klammert, ist das ein großer Fehler. In dem Augenblick, in dem ihr dem Lehrer begegnet, solltet ihr ihn bereits wieder verlassen und unabhängig sein. Ihr braucht einen Lehrer, damit ihr unabhängig werden könnt. Wenn ihr ihm nicht anhaftet, zeigt der Lehrer euch den Weg zu euch selbst. Dann habt ihr einen Lehrer für euch selbst, nicht für den Lehrer.

Rinzai, ein früher chinesischer Zen-Meister, legte vier Wege dar, wie er seine Schüler lehrte. Manchmal sprach er über den Schüler, manchmal sprach er über die Lehre, manchmal gab er eine Deutung des Schülers oder der Lehre, und schließlich gab er seinen Schülern manchmal gar keine Anweisung. Er wusste, dass ein Schüler auch ohne Unterweisung ein Schüler ist. Genau genommen, ist es gar nicht nötig, den Schüler zu lehren, weil der Schüler selbst Buddha ist, auch wenn er sich dessen nicht bewusst sein mag. Doch wenn er seiner wahren Natur gewahr ist und diesem Gewahrsein anhängt, so ist das schon falsch. Solange er dessen nicht gewahr ist, hat er alles, doch wenn er dessen gewahr wird, denkt er, dass das, dessen er gewahr ist, er selbst sei, und das ist ein großer Irrtum.

Wenn ihr vom Lehrer gar nichts hört, sondern nur sitzt, so nennt man das Lehren ohne Lehre. Manchmal genügt das nicht, und deshalb hören wir Vorträge und sprechen darüber. Doch sollten wir uns daran erinnern, dass der Zweck des Praktizierens an einem bestimmten Ort der ist, uns selbst zu studieren. Wir lernen, um unabhängig zu sein. Gleich dem Wissenschaftler brauchen wir für unser Studium bestimmte Mittel. Wir brauchen einen Lehrer, weil es unmöglich ist, uns durch uns selbst zu studieren. Aber ihr solltet keinen Fehler begehen. Ihr solltet das, was ihr mit einem Lehrer gelernt habt, nicht für euch selbst halten. Das Studium bei einem Lehrer ist Teil eures täglichen Lebens, Teil eurer unaufhörlichen Aktivität. In diesem Sinn gibt es keinen Unterschied zwischen der Praxis und der Aktivität eures alltäglichen Lebens. Den Sinn eures Lebens im Zendo zu finden heißt also, den Sinn eurer alltäglichen Aktivität zu finden. Um des Sinns eures Lebens gewahr zu sein, praktiziert ihr Zazen.

Als ich im Eiheiji-Kloster in Japan war, tat jeder einfach, was er tun sollte. Das ist alles. Es ist gerade so, wie wenn wir am Morgen aufwachen. Wir müssen aufstehen. Wenn wir im Eiheiji-Kloster sitzen mussten, dann saßen wir; wenn wir uns vor Buddha verbeugen sollten, dann verbeugten wir uns vor Buddha. Das ist alles. Und während wir praktizierten, fühlten wir nichts Besonderes. Wir merkten nicht einmal, dass wir das Leben von Mönchen führten. Für uns war das Klosterleben das normale Leben, und die Leute, die aus der Stadt kamen, waren ungewöhnliche Leute. Wenn wir sie sahen, empfanden wir: „Oh, da sind ein paar ungewöhnliche Leute gekommen!"

Doch als ich Eiheiji einmal verließ und einige Zeit abwesend war,

war nach meiner Rückkehr alles anders. Ich hörte die verschiedenen Geräusche unserer Praxis – die Glocken und die Mönche, die ein Sutra rezitierten –, und ich war tief ergriffen. Tränen strömten aus meinen Augen, über meine Nase und meinen Mund! Es sind die Menschen von draußen, die die Atmosphäre des Klosters empfinden. Die Praktizierenden selbst fühlen tatsächlich gar nichts. Ich denke, das ist mit allen Dingen so. Wenn wir das Rauschen der Kiefern an einem windigen Tag hören, weht vielleicht nur der Wind, und die Kiefern stehen einfach im Wind. Das ist alles, was sie tun. Doch die Menschen, die dem Wind in den Bäumen lauschen, schreiben vielleicht ein Gedicht oder haben ein außergewöhnliches Gefühl. So ist es, meine ich, mit allem.

Die Hauptsache ist also nicht, was man bezüglich des Buddhismus empfindet. Ob dieses Gefühl gut oder schlecht ist, ist überhaupt keine Frage. Wir kümmern uns nicht darum, was immer es ist. Der Buddhismus ist nicht gut oder schlecht. Wir tun einfach das, was wir tun sollten. Das ist Buddhismus. Natürlich gehört etwas Ermutigung dazu, aber diese ist einfach Ermutigung. Sie ist nicht der wirkliche Zweck der Praxis. Sie ist nur eine Medizin. Wenn wir den Mut verlieren, wünschen wir uns eine Medizin. Wenn wir guten Mutes sind, brauchen wir sie nicht. Ihr solltet Medizin nicht mit Nahrung verwechseln. Manchmal ist Medizin notwendig, aber sie sollte nicht zu unserer Nahrung werden.

Von Rinzais vier Wegen der Praxis besteht der vollkommene also darin, einem Schüler keine Deutung seiner selbst und keine Ermutigung zu geben. Wenn wir uns selbst als unseren Körper betrachten, dann können wir die Lehre als unsere Kleidung ansehen. Manchmal sprechen wir von unserer Kleidung, manchmal sprechen wir von unserem Körper. Doch weder Körper noch Kleidung sind in Wirklichkeit wir selbst. Wir selbst sind die große Aktivität. Wir bringen lediglich das kleinste Teilchen der großen Aktivität zum Ausdruck, das ist alles. So ist es schon in Ordnung, von uns selbst zu sprechen, doch eigentlich ist dies nicht nötig. Ehe wir den Mund öffnen, drücken wir schon die große Existenz aus, uns selbst eingeschlossen. Wir sprechen von uns selbst, um das Missverständnis auszugleichen, das wir haben, wenn wir an einer besonderen zeitlichen Form oder Farbe der großen Aktivität anhaften. Es ist notwendig, davon zu sprechen, was unser Körper ist und was unsere Aktivität ist, so dass wir im Hinblick darauf keinen Fehler machen. Über uns selbst zu sprechen heißt also im Wirklichkeit, uns selbst zu vergessen.

Dogen Zenji sagte: „Den Buddhismus studieren heißt uns selbst studieren. Uns selbst studieren heißt uns selbst vergessen." Wenn ihr einem zeitlichen Ausdruck eurer wahren Natur anhaftet, ist es notwendig, über Buddhismus zu sprechen, sonst meint ihr, dieser zeitliche Ausdruck sei eure Natur. Doch dieser besondere Ausdruck davon ist es nicht. Und gleichzeitig ist er es *doch*! Das heißt, für eine Weile, für das kleinste Teilchen der Zeit ist er es. Aber das verhält sich nicht immer so: Im nächsten Augenblick ist er es nicht, also ist er nicht eure Natur. Damit ihr diese Tatsache versteht, ist es nötig, Buddhismus zu studieren. Der Sinn dieses Studiums ist es aber, uns selbst zu studieren und uns selbst zu vergessen. Wenn wir uns selbst vergessen, sind wir tatsächlich die wahre Aktivität der großen Existenz oder der Wirklichkeit selbst. Wenn wir diese Tatsache verwirklichen, gibt es überhaupt kein Problem in dieser Welt, und dann können wir uns unseres Lebens freuen, ohne irgendwelche Schwierigkeiten zu empfinden. Die Absicht unserer Praxis ist es, dieser Tatsache gewahr zu sein.

Einen Ziegel polieren

*Wenn ihr ihr selbst werdet, wird Zen zu Zen.
Wenn ihr ihr selbst seid, seht ihr die Dinge, wie sie sind,
und werdet eins mit eurer Umgebung.*

Zen-Geschichten oder *koans* sind sehr schwer zu verstehen, bevor ihr wisst, was wir von einem Augenblick zum anderen tun. Doch wenn ihr genau wisst, was wir in jedem Augenblick tun, werdet ihr die *koans* nicht so schwierig finden. Es gibt sehr viele *koans*. Ich habe euch schon öfter von einem Frosch erzählt, und jedes Mal lachen alle. Ein Frosch ist sehr interessant. Auch er sitzt nämlich so wie wir, er denkt aber dabei nicht, dass er etwas Besonderes tut. Wenn ihr in ein Zendo geht und sitzt, denkt ihr vielleicht, dass ihr etwas ganz Besonderes tut. Während euer Mann oder eure Frau noch schläft, praktiziert ihr Zazen! Ihr macht etwas Besonderes, und euer Ehepartner ist faul! Vielleicht ist das euer Verständnis von Zazen. Doch schaut einmal den Frosch an. Ein Frosch sitzt so wie wir, aber er hat keine Vorstellung von Zazen. Schaut ihm zu. Wenn ihn etwas ärgert, verzieht er sein Gesicht. Wenn etwas Essbares vorbeikommt, schnappt er es und frisst es, und während er frisst, sitzt er da. So ist tatsächlich auch unser Zazen – keine besondere Sache.

Hier habe ich eine Art Frosch-Koan für euch: Baso war ein berühmter Zen-Meister, genannt der Pferde-Meister. Er war der Schüler von Nangaku, einem Schüler des sechsten Patriarchen. Als Baso bei Nangaku lernte, saß er eines Tages und praktizierte Zazen. Er war ein Mann von großer körperlicher Gestalt. Wenn er sprach, reichte seine Zunge bis zur Nase; seine Stimme war laut, und sein Zazen muss sehr gut gewesen sein. Nangaku sah ihn sitzen wie einen großen Berg oder einen Frosch. Nangaku fragte ihn: „Was machst du?" – „Ich übe Zazen", antwortete Baso. „Warum übst du Zazen?" – „Ich möchte Erleuchtung erlangen; ich möchte ein Buddha werden", antwortete der Schüler.

Wisst ihr, was der Lehrer tat? Er hob einen Ziegel auf und fing an, ihn zu polieren.

Wenn man in Japan einen Ziegel aus dem Brennofen holt, poliert man ihn, um ihm den letzten Schliff zu geben. Nangaku hob also einen Ziegel auf und fing an, ihn zu polieren. Da fragte ihn Baso, sein Schüler: „Was machst du?“ – „Ich möchte diesen Ziegel zu einem Edelstein machen“, sagte Nangaku. „Wie ist es möglich, aus einem Ziegel einen Edelstein zu machen?“, fragte Baso. „Wie ist es möglich, Buddha zu werden, indem du Zazen praktizierst?“, erwiderte Nangaku. „Du möchtest Buddhaschaft erlangen? Es gibt keine Buddhaschaft außerhalb deines gewöhnlichen Geistes. Wenn ein Wagen nicht läuft, wen schlägst du, den Wagen oder das Pferd?“, fragte der Meister.

Damit meinte Nangaku, dass alles Zazen ist, was immer ihr tut. Wahres Zazen ist jenseits davon, ob einer im Bett liegt oder im Zendo sitzt. Wenn dein Mann oder deine Frau im Bett liegt, ist auch das Zazen. Wenn du denkst: „Ich sitze hier, und meine Frau liegt im Bett“, dann ist das nicht wahres Zazen, obwohl du in der Haltung mit gekreuzten Beinen hier sitzt. Ihr solltet immer wie ein Frosch sein. Das ist wahres Zazen.

Dogen Zenji hat dieses Koan kommentiert. Er sagte: „Wenn der Pferde-Meister zum Pferde-Meister wird, dann wird Zen zu Zen.“ Wenn Baso zu Baso wird, wird sein Zazen zum wahren Zazen, und Zen wird zu Zen. Was ist wahres Zazen? Wenn ihr ihr selbst werdet! Wenn ihr ihr seid, dann ist alles Zazen, was immer ihr auch tut. Selbst wenn ihr im Bett seid, seid ihr die meiste Zeit vielleicht gar nicht ihr selbst. Sogar wenn ihr im Zendo sitzt, frage ich mich, ob ihr im wahren Sinne ihr selbst seid.

Hier ist noch ein berühmtes Koan. Zuikan war ein Zen-Meister, der die Gewohnheit hatte, sich selbst anzureden. „Zuikan!“, pflegte er zu rufen. Und dann antwortete er: „Ja!“ – „Zuikan!“ – „Ja!“ Natürlich lebte er ganz allein in seinem kleinen Zendo, und natürlich wusste er, wer er war, aber manchmal verlor er sich. Und immer, wenn er sich selbst verlor, rief er: „Zuikan!“ – „Ja!“

Wenn wir wie ein Frosch sind, sind wir immer wir selbst. Aber sogar ein Frosch verliert sich manchmal selbst und macht ein saures Gesicht. Und wenn etwas daherkommt, schnappt er es und frisst es auf. So denke ich, dass ein Frosch sich immer selbst anspricht. Ich meine, ihr solltet das auch tun. Sogar im Zazen werdet ihr euch verlieren. Wenn ihr schläfrig werdet oder wenn euer Geist umherwandert, verliert ihr euch. Wenn eure Beine zu schmerzen beginnen – „Warum tun mir die Beine so weh?“ –, verliert ihr euch selbst. Weil ihr euch selbst verliert, wird euer Problem für euch ein Problem. Wenn ihr euch selbst nicht verliert, gibt es in Wirklichkeit kein Problem, selbst wenn ihr Schwierigkeiten habt. Dann sitzt ihr einfach mitten in dem Problem. Wenn ihr ein Teil des Problems seid oder wenn das Problem ein Teil von euch ist, dann *gibt* es kein Problem, weil ihr das Problem selbst seid. Das Problem ist ihr selbst. Wenn das so ist, gibt es kein Problem.

Wenn euer Leben immer ein Teil eurer Umgebung ist – mit anderen Worten, wenn ihr im gegenwärtigen Augenblick zu euch selbst zurückgerufen werdet –, dann gibt es kein Problem. Wenn ihr in einer Täuschung, die etwas außerhalb eurer selbst ist, umherzuwandern beginnt, ist eure Umgebung nicht mehr real, und euer Geist ist nicht mehr real. Wenn ihr selbst verblendet seid, dann ist auch eure Umgebung eine dunstige und nebelige Verblendung. Wenn ihr erst einmal mitten in einer Verblendung steckt, nimmt sie kein Ende. Ihr werdet in eine verblendete Vorstellung nach der anderen verstrickt sein. Die meisten Menschen leben in Verblendung, verstrickt in ihr Problem, auf der Suche nach einer Lösung. Doch einfach nur zu leben heißt in Wirklichkeit, mit Problemen zu leben. Und das Problem lösen heißt, ein Teil von ihm zu sein, eins zu sein mit ihm.

Wen also prügelt ihr, den Karren oder das Pferd? Wen prügelt ihr, euch selbst oder eure Probleme? Wenn ihr erst anfangt euch zu fragen, wen ihr prügeln sollt, bedeutet das, dass ihr bereits begonnen habt herumzuwandern. Aber wenn ihr tatsächlich dem Pferd eins überzieht, wird der Karren laufen. In Wahrheit sind der Karren und das Pferd nicht verschieden. Wenn ihr ihr selbst seid, dann gibt es das Problem nicht, ob ihr den Karren schlagen sollt oder das Pferd. Wenn ihr ihr selbst seid, wird Zazen zum wahren Zazen. Wenn ihr also Zazen praktiziert, wird euer Problem Zazen praktizieren, und alles andere wird ebenfalls Zazen praktizieren. Obwohl euer Partner im Bett liegt, praktiziert er oder sie auch Zazen – wenn *ihr* Zazen praktiziert! Wenn ihr aber nicht wirkliches Zazen praktiziert, dann ist euer Partner da, und ihr seid da, jeder ganz verschieden, ganz getrennt vom anderen. Wenn ihr selbst also wahre Praxis habt, dann praktiziert alles zur gleichen Zeit unseren Weg.

Deshalb sollten wir uns immer selbst anrufen und uns selbst untersuchen, wie ein Arzt, der sich selbst abklopft. Das ist sehr wichtig. Diese Art der Praxis sollte unablässig, in jedem Augenblick, fortgesetzt werden. Wir sagen: „Wenn die Nacht da ist, beginnt der Morgen." Das bedeutet, es gibt keine Lücke zwischen der Morgendämmerung und der Nacht. Ehe der Sommer vorbei ist, kommt der Herbst. So sollten wir auch unser Leben verstehen. Mit diesem Verständnis sollten wir praktizieren und unsere Probleme auf diese Weise lösen. Einfach an dem Problem mit ungeteilter Anstrengung zu arbeiten ist schon genug. Ihr solltet nur den Ziegel polieren, das ist unsere Praxis. Der Zweck der Praxis ist nicht, aus einem Ziegel einen Edelstein zu machen. Fahrt einfach fort mit dem Sitzen, das ist die Praxis in ihrer wahren Bedeutung. Es geht nicht darum, ob es möglich ist, Buddhaschaft zu erlangen oder nicht, ob es möglich ist, aus einem Ziegel einen Edelstein zu machen oder nicht. Einfach mit diesem Verständnis zu arbeiten und in dieser Welt zu leben ist das Wichtigste. Das ist unsere Praxis. Das ist wahres Zazen. Daher sagen wir: „Wenn du isst, dann iss!" Ihr solltet essen, was da ist, versteht ihr? Manchmal tut ihr das nicht. Obwohl ihr esst, seid ihr mit eurem Geist woanders. Ihr schmeckt nicht, was ihr im Munde habt. Solange ihr wirklich esst, wenn ihr beim Essen seid, seid ihr in Ordnung. Macht euch überhaupt keine Sorgen. Es bedeutet, ihr seid ihr selbst.

Wenn ihr ihr selbst seid, seht ihr die Dinge, wie sie sind, und werdet eins mit eurer Umgebung. Da ist euer wahres Selbst. Da habt ihr wahre Praxis, die Praxis eines Frosches. Er ist ein gutes Beispiel für unsere Praxis – wenn ein Frosch ein Frosch wird, wird Zen zu Zen. Wenn ihr einen Frosch durch und durch versteht, dann erlangt ihr Erleuchtung. Dann seid ihr Buddha. Und dann seid ihr auch gut für andere, für Mann oder Frau, Sohn oder Tochter. Das ist Zazen!

Beständigkeit

Menschen, die den Zustand der Leerheit kennen, werden ihre Probleme immer durch Beständigkeit auflösen können.

Unsere Botschaft für heute lautet: „Entwickelt euren eigenen Geist.“ Das bedeutet, nicht nach etwas außerhalb von euch selbst zu suchen. Das ist ein sehr wichtiger Punkt und der einzige Weg, Zen zu praktizieren. Natürlich ist auch das Studium der Schriften oder das Rezitieren eines Sutras oder Sitzen Zen; jede dieser Aktivitäten sollte Zen sein. Doch wenn euer Bemühen und eure Praxis nicht die rechte Orientierung haben, werden sie nichts zuwege bringen. Nicht nur bringen sie nichts zuwege, sondern sie verderben auch eure reine Natur. Je mehr ihr dann über Zen wisst, desto mehr werdet ihr verdorben. Euer Geist wird mit Schund angefüllt sein; euer Geist wird befleckt sein.

Es ist für uns ganz normal, dass wir Bruchstücke von Informationen aus verschiedenen Quellen sammeln, weil wir meinen, unser Wissen auf diese Weise zu vermehren. Doch wenn wir diesem Weg folgen, führt er tatsächlich dazu, dass wir überhaupt nichts wissen. Unser Verständnis des Buddhismus sollte nicht im Sammeln vieler Informationsbrocken bestehen, auf der Suche, Wissen zu erlangen. Anstatt Wissen sammeln zu wollen, solltet ihr euren Geist klären. Wenn euer Geist klar ist, dann habt ihr bereits wahres Wissen. Wenn ihr unsere Lehre mit einem reinen, klaren Geist hört, könnt ihr sie annehmen, als hörtet ihr etwas, das ihr bereits wisst. Das wird Leerheit genannt oder allmächtiges Selbst oder Allwissenheit. Wenn ihr alles wisst, seid ihr wie ein dunkler Himmel. Manchmal geht ein Aufblitzen über den dunklen Himmel. Wenn es vorbei ist, vergesst ihr es wieder, und zurück bleibt nichts als der dunkle Himmel. Der Himmel ist nie überrascht, wenn plötzlich ein Blitzstrahl durchbricht. Und wenn der Blitz über den Himmel zuckt, kann das ein wunderbarer Anblick sein. Wenn wir die Leerheit haben, sind wir immer bereit, auf das Aufleuchten Acht zu geben.

Die Gegend von Rozan in China ist berühmt für ihre nebelverschleierte Landschaft. Ich war noch nie in China, aber es muss dort wirklich schöne Berge geben. Und die weißen Wolken oder die Nebelschwaden durch die Berge ziehen zu sehen, muss ein wunderbarer Anblick sein. Obgleich wunderbar, heißt es in einem chinesischen Gedicht: „Rozan ist berühmt für seine nebeligen, regnerischen Tage und der große Sekko-Fluss für seine Gezeiten, die kommen und gehen. Das ist alles." Das ist alles, aber es ist prächtig. Das ist, wie wir die Dinge würdigen.

Ihr solltet also Wissen aufnehmen, als würdet ihr etwas hören, das ihr schon gewusst habt. Das heißt jedoch nicht, dass ihr verschiedene Bruchstücke von Informationen als bloßes Echo eurer eigenen Meinungen nehmen solltet. Es bedeutet vielmehr, dass ihr nicht überrascht sein solltet, was immer ihr seht oder hört. Wenn ihr die Dinge nur als Echo eurer selbst empfangt, dann seht ihr sie nicht wirklich, ihr nehmt sie nicht vollständig an, wie sie sind. Wenn wir also sagen: „Rozan ist berühmt für seine nebeligen, regnerischen Tage", bedeutet das nicht, dass wir diesen Anblick würdigen, indem wir uns an eine Landschaft erinnern, die wir früher einmal gesehen haben: „Es ist gar nicht so wunderbar. Das habe ich schon früher einmal gesehen." Oder: „Ich habe viel schönere Bilder gemalt! Rozan ist gar nichts!" Das ist nicht unser Weg. Wenn ihr bereit seid, die Dinge anzunehmen, wie sie sind, werdet ihr sie als alte Freunde empfangen, und doch würdigt ihr sie mit neuem Gefühl.

Und wir sollten Wissen nicht ansammeln; wir sollten frei sein von unserem Wissen. Wenn ihr verschiedene Bruchstücke von Wissen sammelt, dann mag das als Kollektion ganz nett sein, aber das ist nicht unser Weg. Wir sollten nicht versuchen, die Leute mit unseren wunderbaren Schätzen zu beeindrucken. Wir sollten nicht an etwas Besonderem interessiert sein. Wenn ihr etwas vollkommen würdigen wollt, müsst ihr euch selbst vergessen. Ihr solltet es annehmen wie einen Blitz, der in der völligen Dunkelheit des Himmels aufleuchtet.

Manchmal denken wir, es sei uns unmöglich, etwas zu verstehen, das uns nicht vertraut ist, aber eigentlich gibt es gar nichts, das uns nicht vertraut ist. Manche Leute sagen vielleicht: „Es ist fast unmöglich, den Buddhismus zu verstehen, weil unser kultureller Hintergrund so verschieden ist. Wie können wir orientalisches Denken verstehen?" Natürlich kann der Buddhismus nicht von seinem kulturellen Hintergrund getrennt werden, das ist wahr. Aber wenn ein japanischer Buddhist in die Vereinigten Staaten kommt, ist er kein Japaner mehr. Ich lebe in eurem kulturellen Milieu. Ich nehme beinahe dieselbe Nahrung zu mir, die ihr esst, und ich verständige mich mit euch in eurer Sprache. Auch wenn ihr mich nicht ganz versteht, so möchte ich euch doch verstehen. Und vielleicht verstehe ich euch besser als jemand, der gut Englisch spricht und versteht. Das ist wahr. Auch wenn ich überhaupt kein Englisch verstünde, glaube ich, dass ich mich mit den Menschen verständigen könnte. Es gibt immer eine Möglichkeit des Verstehens, solange wir im völligen Dunkel des Himmels existieren, solange wir in der Leerheit leben.

Ich habe immer gesagt, dass ihr sehr geduldig sein müsst, wenn ihr den Buddhismus verstehen wollt, aber ich war immer auf der Suche nach einem Wort, das besser ist als „Geduld". Das japanische Wort *nin* wird gewöhnlich mit „Geduld" übersetzt, aber vielleicht wäre „Beständigkeit" ein passenderes Wort. Zur Geduld muss man sich zwingen, aber in Standhaftigkeit oder Beständigkeit ist keine besondere Anstrengung enthalten – darin gibt es nur die unwandelbare Fähigkeit, die Dinge so zu nehmen, wie sie sind. Menschen, die keinen Begriff von Leerheit haben, mag diese Fähigkeit wie Geduld erscheinen, aber Geduld kann in Wirklichkeit ein Nicht-Annehmen sein. Den Menschen, die den Zustand der Leerheit kennen, und sei es nur intuitiv, steht immer die Möglichkeit offen, die Dinge zu nehmen, wie sie sind. Sie vermögen alles wertzuschätzen. In allem, was sie tun, selbst wenn es sehr schwierig ist, werden sie immer in der Lage sein, ihre Probleme durch Beständigkeit aufzulösen.

Nin ist der Weg, wie wir unseren Geist entwickeln. *Nin* ist unser

Weg der beständigen Praxis. Wir sollten immer im dunklen, leeren Himmel leben. Der Himmel ist immer der Himmel. Wenn auch Wolken und Blitze kommen, den Himmel stört das nicht. Selbst wenn das Blitzen der Erleuchtung kommt, vergisst unsere Praxis alles darüber. Dann ist sie bereit für eine neue Erleuchtung. Es ist notwendig, dass wir Erleuchtungen haben, eine nach der anderen, wenn möglich Augenblick um Augenblick. Das ist, was man Erleuchtung nennt, bevor man sie erreicht und nachdem man sie erreicht hat.

Kommunikation

Das Wichtigste ist, dass ihr euch, ohne euch übertrieben oder gewollt anzupassen, so ausdrückt, wie ihr seid.

Kommunikation ist in der Zen-Praxis ungemein wichtig. Da ich eure Sprache nicht sehr gut spreche, suche ich immer nach einem Weg, mit euch zu kommunizieren. Ich glaube, dass diese Art von Bemühung etwas sehr Gutes hervorbringt. Wir sagen: „Wenn du die Worte deines Meisters nicht verstehst, bist du nicht sein Schüler." Die Worte oder die Sprache eures Meisters verstehen heißt den Meister selbst verstehen. Und wenn ihr ihn versteht, werdet ihr bemerken, dass seine Sprache nicht nur normale Sprache ist, sondern eine Sprache in umfassendem Sinn. Durch die Sprache eures Meisters versteht ihr mehr, als die Worte tatsächlich sagen.

Wenn wir etwas äußern, ist unsere subjektive Absicht oder die eigene Situation immer mit im Spiel. Daher gibt es keine vollkommene Rede. In jeder Aussage steckt immer eine gewisse Verzerrung. Dennoch müssen wir durch die Aussage unseres Meisters objektive Wirklichkeit verstehen – die letztendliche Wirklichkeit. Mit dieser letztendlichen Wirklichkeit meinen wir nicht etwas Ewiges oder Bleibendes, sondern die Dinge, wie sie in jedem Augenblick sind. Ihr könnt es „Sein" oder „Wirklichkeit" nennen.

Um Wirklichkeit als unmittelbare Erfahrung zu verstehen, praktizieren wir Zazen, deshalb studieren wir den Buddhismus. Durch dieses Studium des Buddhismus werdet ihr eure menschliche Natur verstehen, eure intellektuellen Fähigkeiten und die Wahrheit in eurer menschlichen Aktivität. Und ihr könnt diese eure menschliche Natur miteinbeziehen, wenn ihr die Wirklichkeit zu verstehen sucht. Doch nur, wenn ihr wirklich Zen praktiziert, könnt ihr die Realität unmittelbar erfahren und die verschiedenen Aussagen eures Lehrers oder Buddhas in ihrem wahren Sinn verstehen. Streng genommen ist es unmöglich, über die Wirklichkeit zu sprechen.

Trotzdem, wenn ihr Zen-Schüler seid, müsst ihr sie unmittelbar durch die Worte eures Meisters verstehen.

Möglicherweise liegt die unmittelbare Aussage des Meisters nicht nur in seinen Worten; er drückt sich auch durch sein Verhalten aus. Im Zen betonen wir das Verhalten oder Auftreten. Unter Verhalten verstehen wir nicht eine besondere Art, wie ihr euch benehmen solltet, sondern den natürlichen Ausdruck eurer selbst. Wir betonen Direktheit. Ihr solltet euren Gefühlen und eurem Geist treu sein und euch vorbehaltlos zum Ausdruck bringen. Das hilft dem Zuhörer, besser zu verstehen.

Wenn ihr jemandem zuhört, solltet ihr alle vorgefassten Vorstellungen und subjektiven Meinungen fallen lassen. Hört einfach nur zu und beobachtet, wie die Art dieses Menschen ist. Wir legen sehr wenig Betonung auf Richtig oder Falsch, Gut und Böse. Wir sehen nur, wie die Dinge bei ihm liegen und akzeptieren sie. Das ist die Art, wie wir uns miteinander verständigen. Wenn ihr gewöhnlich einer Aussage zuhört, hört ihr sie als eine Art Echo eurer selbst. Dann hört ihr in Wirklichkeit nur eurer eigenen Meinung zu. Wenn sie mit eurer Meinung übereinstimmt, lasst ihr sie vielleicht gelten, doch wenn nicht, lehnt ihr sie ab, oder ihr hört sie vielleicht gar nicht wirklich. Das kann euch passieren, wenn ihr einem Menschen zuhört. Die andere Gefahr ist, dass ihr von der Aussage gefangen werdet. Wenn ihr die Aussage eures Meisters nicht in ihrem wahren Sinn versteht, werdet ihr leicht von etwas gefangen, das mit eurer subjektiven Meinung zu tun hat, oder von der besonderen Form des Ausdrucks dieser Aussage. Dann nehmt ihr, was er sagt, nur als Aussage wahr, ohne den Geist zu erfassen, der hinter den Worten steht. Eine solche Gefahr ist immer gegeben.

Eine gute Kommunikation zwischen Eltern und Kindern ist deshalb so schwierig, weil Eltern immer ihre eigenen Intentionen haben. Ihre Absichten sind fast immer gut, aber sie sind oft nicht ganz frei in der Art, wie sie reden oder sich ausdrücken, sondern meistens zu einseitig und unrealistisch. Wir haben alle unsere eigene Ausdrucksweise, und es ist schwer, sie den Umständen entsprechend zu ändern. Wenn es Eltern gelingt, sich der jeweiligen Situation gemäß in unterschiedlicher Weise auszudrücken, ist die Erziehung ihrer Kinder nicht gefährdet. Doch das ist ziemlich schwierig. Auch ein Zen-Meister hat seine eigene Art. Wenn Nishiari Zenji seine Schüler ausschalt, sagte er immer: „Hau ab!“ Einer seiner Schüler nahm ihn beim Wort und verließ den Tempel! Doch der Meister hatte nicht die Absicht, den Schüler fortzuschicken. Das war nur seine Art sich auszudrücken. Anstatt zu sagen: „Gib Acht!“, sagte er: „Hau ab!“ Wenn eure Eltern eine solche Angewohnheit haben, werdet ihr sie leicht missverstehen. Diese Gefahr besteht in eurem Alltagsleben ständig. Daher ist es nötig, dass ihr als Zuhörer oder Schüler euren Geist von solchen Verzerrungen befreit. Ein Geist, der voll ist von vorgefassten Ideen, subjektiven Intentionen oder Angewohnheiten, ist nicht offen für die Dinge, wie sie sind. Deshalb praktizieren wir Zazen: um unseren Geist von dem zu reinigen, was sich auf etwas anderes bezieht.

Es ist ziemlich schwierig, völlig natürlich mit uns selbst zu sein und auch dem, was andere sagen oder tun, in möglichst angemessener Weise zu folgen. Wenn wir versuchen, uns irgendwie absichtlich anzupassen, ist es unmöglich, natürlich zu sein. Wenn ihr versucht, euch irgendwie zurecht zu rücken, werdet ihr euch verlieren. Wenn ihr also glücklich sein und andere glücklich machen wollt, ist es das Wichtigste, dass ihr euch ohne gewollte, übertriebene Anpassung frei ausdrückt, wie ihr seid. Diese Fähigkeit werdet ihr erlangen, indem ihr Zazen praktiziert. Zen ist keine extravagante, besondere Lebenskunst. Wir lehren einfach, stets in der Wirklichkeit zu leben, im wahren Sinn des Wortes. Uns Augenblick für Augenblick zu bemühen, das ist unser Weg. Ganz genau genommen, ist das Einzige, das wir in unserem Leben studieren können, das, woran wir in jedem Augenblick arbeiten. Nicht einmal die Worte des Buddha können wir studieren. Die Worte Buddhas in ihrer genauen Bedeutung studieren heißt sie durch eine Aktivität studieren, die euch ständig, in jedem Augenblick gegenübertritt. Daher sollten wir uns mit unserem ganzen Geist und Körper auf das konzentrieren, was wir tun, und dabei uns selbst und vor allem unseren Gefühlen subjektiv und objektiv treu sein. Auch wenn ihr euch nicht so gut fühlt, ist es besser, auszudrücken, wie ihr euch fühlt, ohne besonderes Anhaften oder eine besondere Absicht. So könntet ihr etwa sagen: „Es tut mir Leid, aber ich fühle mich nicht gut." Das genügt. Ihr solltet nicht sagen: „Du bist schuld daran!" Das ist zu viel. Oder ihr könntet sagen: „Tut mir Leid, aber ich habe eine solche Wut auf dich!" Ihr braucht nicht zu sagen, dass ihr nicht wütend seid, wenn ihr eine Wut habt. Ihr braucht einfach nur zu sagen: „Ich bin wütend." Das genügt schon.

Wahre Kommunikation hängt davon ab, dass wir geradeheraus miteinander sind. Die Zen-Meister sind sehr offen und direkt. Wenn ihr die Wirklichkeit nicht unmittelbar durch die Worte eures Meisters versteht, bekommt ihr vielleicht seinen Stock zu spüren. „Was ist das?!" fährt er euch vielleicht an. Unser Weg ist sehr direkt. Aber wisst ihr, das ist nicht eigentlich Zen. Das ist nicht der Weg unserer Überlieferung, aber wenn wir es ausdrücken wollen, fällt es uns manchmal leichter, es auf diese Weise zu tun. Doch die beste Art zu kommunizieren ist vielleicht nur die, einfach zu sitzen, ohne etwas zu sagen. Dann habt ihr die ganze Bedeutung von Zen. Wenn ich euch mit meinem Stock bearbeite, bis ich mich verliere oder bis ihr draufgeht, genügt das immer noch nicht. Der beste Weg ist, einfach zu sitzen.

Negativ und positiv

Der große Geist („Big Mind“) ist etwas, das ihr ausdrücken, nicht etwas, das ihr durch Nachdenken herausfinden könnt. Großer Geist ist etwas, das ihr habt, nicht etwas, wonach ihr streben solltet.

Je besser ihr unsere Art zu denken versteht, desto schwerer wird es euch fallen, darüber zu sprechen. Ich rede deshalb, weil ich euch eine Vorstellung von unserem Weg vermitteln möchte, doch eigentlich ist er nicht etwas, worüber man spricht, sondern etwas, das man praktiziert. Am besten ist es, nur zu praktizieren, ohne etwas zu sagen. Wenn wir über unseren Weg sprechen, gibt es leicht ein Missverständnis, weil der wahre Weg mindestens zwei Seiten hat, eine negative und eine positive. Wenn wir über die negative Seite sprechen, fehlt die positive, und wenn wir über die positive Seite sprechen, fehlt die negative. Wir können nicht zugleich auf positive und negative Weise über etwas reden. Daher wissen wir nicht, was wir sagen sollen. Es ist fast unmöglich, über Buddhismus zu sprechen. Deshalb ist es der beste Weg, nichts zu sagen und ihn nur zu praktizieren. Einen Finger erheben oder einen runden Kreis malen kann der Weg sein, oder sich einfach verbeugen.

Wenn wir das verstehen, dann verstehen wir, wie man über den Buddhismus sprechen kann, und dann werden wir vollkommene Verständigung haben. Über etwas sprechen wird eine unserer Praktiken sein, und dem Sprechen zuhören wird ebenfalls eine Praxis sein. Wenn wir Zazen praktizieren, praktizieren wir einfach Zazen, ohne etwas damit erreichen zu wollen. Wenn wir über etwas sprechen, dann sprechen wir einfach über etwas, positiv oder negativ, ohne zu versuchen, eine verstandesmäßige, einseitige Vorstellung auszudrücken. Und wir hören zu, ohne über eine intellektuelle Bedeutung nachzudenken, ohne zu versuchen, etwas nur aus einseitiger Sicht heraus zu verstehen. So sprechen wir über unsere Lehre, und so hören wir zu, wenn gesprochen wird.

Der Soto-Weg hat immer eine doppelte Bedeutung, eine positive und eine negative. Unser Weg folgt sowohl dem Hinayana- als auch dem Mahayana-Buddhismus. Ich sage immer, dass unsere Praxis sehr hinayanisch ist. Tatsächlich praktizieren wir Hinayana mit Mahayana-Geist – eine streng formelle Praxis mit einem informellen Geist. Obgleich unsere Praxis sehr formell aussieht, ist unser Geist nicht formell. Obwohl wir jeden Morgen Zazen auf dieselbe Weise praktizieren, gibt es keinen Grund, diese Praxis formell zu nennen. Es ist eure Unterscheidung, die zwischen formell und nichtformell trennt. Innerhalb der Praxis selbst gibt es diese Unterscheidung nicht. Wenn ihr Mahayana-Geist habt, kann nicht-formell sein, was andere formell nennen. So sagen wir, dass wir gegen die Gelöbnisse im Mahayana-Sinne verstoßen, wenn wir die Gelöbnisse im Hinayana-Sinn befolgen. Wenn ihr unsere Regeln in einer nur formellen Weise befolgt, verliert ihr den Mahayana-Geist. Bis ihr das verstanden habt, habt ihr immer ein Problem: nämlich ob ihr unserem Weg wörtlich folgen solltet, oder ob ihr euch um unseren Formalismus nicht zu kümmern braucht. Aber wenn ihr unseren Weg vollständig versteht, gibt es dieses Problem nicht, denn dann ist alles, was ihr tut, Praxis. Wenn ihr Mahayana-Geist habt, gibt es keine Mahayana- oder Hinayana-Praxis. Es mag zwar so aussehen, als würdet ihr gegen die Vorschriften verstoßen, aber in Wirklichkeit befolgt ihr sie in ihrem wahren Sinn. Es geht darum, ob ihr einen großen oder einen kleinen Geist habt. Kurz gesagt, wenn ihr alles tut, ohne nachzudenken, ob es gut oder schlecht ist, und wenn ihr etwas mit eurem ganzen Geist und Körper tut, dann ist das unser Weg.

Dogen Zenji sagte: „Wenn du etwas zu jemandem sagst, akzeptiert er das vielleicht nicht, doch versuche nicht, ihn zu einem intellektuellen Verständnis zu bringen. Argumentiere nicht mit ihm; höre dir einfach seine Einwände an, bis er selbst etwas an ihnen auszusetzen findet." Das ist sehr interessant. Versuche nicht, jemandem deine Vorstellung aufzudrängen, sondern denke vielmehr mit ihm darüber nach. Wenn du meinst, dass du die Diskussion für dich entschieden hast, ist auch das eine verkehrte Haltung. Versuche nicht, in einer Debatte zu gewinnen; höre ihr einfach zu. Doch es wäre ebenso falsch, wenn du dich so verhalten würdest, als hättest du verloren. Wenn wir etwas sagen, neigen wir gewöhnlich dazu, unsere Lehre verkaufen oder unsere Vorstellung durchsetzen zu wollen. Doch unter Zen-Schülern verfolgt man keine besondere Absicht, wenn man spricht oder zuhört. Manchmal hören wir zu, und manchmal sprechen wir, das ist alles. Es ist wie ein Gruß: „Guten Morgen!" Durch diese Art der Kommunikation können wir unseren Weg entfalten.

Nichts zu sagen mag sehr gut sein, aber es gibt keinen Grund warum wir immer schweigen sollten. Was immer ihr tut, auch wenn ihr nichts tut, ist unsere Praxis. Es ist ein Ausdruck des großen Geistes. Der große Geist ist etwas, das ihr ausdrücken, nicht etwas, das ihr durch Nachdenken herausfinden könnt. Großer Geist ist etwas, das ihr habt, nicht etwas, wonach ihr streben solltet. Großer Geist ist etwas, worüber man spricht, oder man bringt ihn durch eine Aktivität zum Ausdruck, oder man erfreut sich an ihm. Wenn wir dies tun, gibt es in unserer Art, wie wir die Vorschriften befolgen, keinen Hinayana-Weg oder Mahayana-Weg. Nur wenn ihr versucht, durch eine starre formelle Praxis etwas zu erlangen, wird euch das zum Problem. Doch wenn wir ein Problem, welches auch immer, als einen Ausdruck des großen Geistes schätzen, ist es kein Problem mehr. Manchmal ist unser Problem, dass der große Geist so kompliziert ist; manchmal ist er so einfach, dass wir ihn nicht verstehen. Auch das ist der große Geist. Aber weil ihr herausbekommen wollt, was er ist, weil ihr den komplizierten großen Geist vereinfachen wollt, wird er für euch zum Problem. Ob ihr also in eurem Leben ein Problem habt oder nicht, hängt von eurer eigenen Einstellung, von eurem eigenen Verständnis ab. Aufgrund der paradoxen oder Doppel-Natur der Wahrheit, sollte es für euch kein Problem des Verstehens geben, wenn ihr großen Mahayana-Geist habt. Diese Art von Geist erlangt man durch wahres Zazen.

Nirvana, der Wasserfall

Unser Leben und Tod sind dasselbe. Wenn wir diese Tatsache erkennen, haben wir keine Angst mehr vor dem Tod und auch keine wirkliche Schwierigkeit in unserem Leben.

Wenn ihr nach Japan fahrt und das Eiheiji-Kloster besucht, werdet ihr unmittelbar vor dem Eingang eine kleine Brücke sehen, die Hanshaku-kyo genannt wird, was „Halb-Schöpfer-Brücke" bedeutet. Wenn Dogen Zenji aus dem Fluss Wasser schöpfte, verwendete er immer nur die Hälfte des Geschöpften, und den Rest gab er dem Fluss zurück, ohne ihn wegzuschütten. Deshalb heißt die Brücke Hanshaku-kyo, „Halb-Schöpfer-Brücke". Wenn wir im Eiheiji-Kloster unser Gesicht waschen, füllen wir das Gefäß nur zu siebzig Prozent seines Fassungsvermögens. Und nachdem wir uns gewaschen haben, leeren wir das Wasser zu unserem Körper hin aus statt von ihm weg. Damit bringen wir unsere Achtung vor dem Wasser zum Ausdruck. Diese Art von Praxis beruht nicht auf dem Gedanken an Sparsamkeit. Vielleicht ist es schwer zu verstehen, warum Dogen die Hälfte des Wassers, das er schöpfte, dem Fluss zurückgab. Diese Art der Praxis geht über das Denken hinaus. Wenn wir die Schönheit des Flusses fühlen, wenn wir eins sind mit dem Wasser, machen wir es intuitiv so wie Dogen. Es ist unsere wahre Natur, das zu tun. Doch wenn eure wahre Natur von Gedanken an Sparsamkeit und Nutzeffekt verdeckt ist, hat Dogens Handlungsweise freilich keinen Sinn.

Ich fuhr einmal in den Yosemite-Nationalpark und sah dort einige riesige Wasserfälle. Der Höchste von ihnen ist an die 450 Meter hoch, und das Wasser stürzt herab, als würde man vom Gipfel des Berges einen Vorhang herunterwerfen. Es scheint nicht schnell herunterzukommen, wie man erwarten würde; wegen der Entfernung scheint es sehr langsam zu fließen. Und das Wasser kommt auch nicht wie ein Strom herab, sondern ist in viele winzige Ströme zerteilt. Aus der Entfernung sieht es aus wie ein Vorhang. Und ich dachte, dass es für jeden Wassertropfen wohl eine sehr schwere Erfahrung sein müsse, vom Gipfel eines so hohen Berges herabzukommen. Es braucht Zeit, wisst ihr, es braucht eine lange Zeit, bis das Wasser schließlich den Grund des Wasserfalls erreicht hat. Und mir scheint, dass unser menschliches Leben ähnlich ist. Wir machen in unserem Leben viele schwere Erfahrungen. Aber gleichzeitig, so dachte ich, ist das Wasser ursprünglich nicht geteilt, sondern ein ganzer Strom. Nur wenn es geteilt ist, hat es gewisse Schwierigkeiten beim Fallen. Es ist, als ob das Wasser kein Gefühl hätte, solange es ein einziger Strom ist. Nur wenn es in viele Tropfen zerfällt, kann es beginnen, ein Gefühl zu haben oder auszudrücken. Wenn wir einen ganzen Fluss sehen, fühlen wir nicht die lebendige Aktivität des Wassers, doch wenn wir einen Teil des Wassers in eine Kelle schöpfen, erfahren wir ein Gefühl des Wassers, und wir fühlen auch den Wert der Person, die das Wasser verwendet. Wenn wir uns selbst und das Wasser auf diese Art empfinden, können wir es nicht auf eine nur materielle Weise gebrauchen. Es ist ein lebendiges Wesen.

Bevor wir geboren wurden, hatten wir kein Gefühl; wir waren eins mit dem Universum. Dies wird „Nur-Geist" oder „Geist-Essenz" oder „großer Geist" genannt. Nachdem wir durch die Geburt von diesem Einssein getrennt sind, wie das herabfallende Wasser durch Wind und Felsen vom Wasserfall getrennt ist, haben wir Gefühle. Ihr habt Schwierigkeiten, weil ihr Gefühle habt. Ihr seid euren Gefühlen verhaftet, ohne zu wissen, auf welche Weise dies Fühlen entsteht. Wenn ihr nicht erkennt, dass ihr eins seid mit dem Strom oder mit dem Universum, habt ihr Angst. Doch ob es in Tropfen zerfällt oder nicht, Wasser ist Wasser. Unser Leben und Tod sind dasselbe. Wenn wir diese Tatsache erkennen, haben wir keine Angst mehr vor dem Tod und keine wirkliche Schwierigkeit in unserem Leben.

Wenn das Wasser zu seinem ursprünglichen Einssein mit dem Fluss zurückkehrt, hat es kein individuelles Empfinden mehr. Es nimmt seine eigene Natur wieder an und findet Ruhe und Gelassenheit. Wie froh muss das Wasser sein, wenn es in den ursprünglichen Fluss zurückgekehrt ist! Wenn das so ist, was werden wir fühlen, wenn wir sterben? Ich glaube, wir sind wie das Wasser in dem Wasserschöpfer. Wir werden dann Gelassenheit haben, vollständige Gelassenheit. Das mag für uns zu vollkommen klingen, jetzt, weil wir unseren Gefühlen, unserer individuellen Existenz so sehr verhaftet sind. Jetzt haben wir Angst vor dem Tod, aber wenn wir unsere wahre, ursprüngliche Natur wiedererlangt haben, ist Nirvana da. Deshalb sagen wir: „Nirvana erlangen heißt dahingehen." „Dahingehen" ist kein wirklich angemessener Ausdruck. Vielleicht sollte man besser sagen „hinübergehen" oder „weitergehen" oder „sich vereinigen". Wollt ihr nicht versuchen, einen besseren Ausdruck für den Tod zu finden? Wenn ihr ihn findet, werdet ihr ein ganz neues Verständnis eures Lebens haben. Es wird wie mein Erlebnis sein, als ich das Wasser des großen Wasserfalls sah. Stellt euch vor: 450 Meter hoch!

Wir sagen: „Alles kommt aus der Leerheit." Ein ganzer Fluss oder ein ganzer Geist ist Leerheit. Wenn wir dies Verständnis erlangen, finden wir die wahre Bedeutung unseres Lebens. Wenn wir zu diesem Verständnis kommen, können wir die Schönheit des menschlichen Lebens sehen. Bevor wir diese Tatsache klar erkennen, ist alles, was wir sehen, nur Täuschung. Manchmal überschätzen wir die Schönheit, manchmal unterschätzen oder ignorieren wir sie, weil unser kleiner Geist nicht in Einklang ist mit der Wirklichkeit.

In dieser Weise darüber zu sprechen ist leicht, aber es wirklich zu fühlen ist nicht so einfach. Doch durch eure Zazen-Praxis könnt ihr dieses Gefühl entwickeln. Wenn ihr in der Lage seid, mit eurem ganzen Körper und Geist, mit der Einheit eures Geistes und Körpers geleitet vom universalen Geistes zu sitzen, dann könnt ihr diese Art rechten Verstehens leicht erlangen. Euer tägliches Leben wird erneuert, ohne einer alten, irrtümlichen Deutung des Lebens verhaftet zu sein. Wenn ihr das erkennt, werdet ihr entdecken, wie sinnlos eure alte Deutung war und welche sinnlosen Anstrengungen ihr unternommen hattet. Dann werdet ihr die wahre Bedeutung des Lebens finden, und auch wenn es euch schwer fallen wird, aufrecht vom Gipfel des Wasserfalles auf den Grund des Berges herabzufallen, werdet ihr euch eures Lebens erfreuen.

TEIL DREI

RECHTES VERSTEHEN

Unser Verständnis des Buddhismus ist nicht bloß ein intellektuelles Verstehen. Wahres Verstehen ist die wirkliche Praxis selbst.

TRADITIONELLER ZEN-GEIST

Wenn ihr versucht, Erleuchtung zu erlangen,
erzeugt ihr Karma und werdet von Karma getrieben,
und ihr vergeudet eure Zeit auf eurem Sitzkissen.

Das Wichtigste in unserer Praxis ist unsere Körperhaltung und die Art und Weise, wie wir atmen. Es geht uns nicht so sehr um ein tiefes Verständnis des Buddhismus. Als Philosophie ist der Buddhismus ein ungemein tiefes, weites und festes Gedankensystem, doch Zen geht es nicht um ein philosophisches Verständnis. Wir betonen die Praxis. Wir sollten verstehen, warum unsere Körperhaltung und Atemübung so wichtig sind. Statt eines tiefen Verständnisses der Lehre benötigen wir ein starkes Vertrauen in unsere Lehre, die besagt, dass wir ursprünglich Buddha-Natur besitzen. Unsere Praxis ist auf diesem Glauben gegründet.

Schon bevor Bodhidharma nach China ging, waren fast alle der bekannten Stammwörter des Zen in Gebrauch. So gab es zum Beispiel den Ausdruck „plötzliche Erleuchtung". „Plötzliche Erleuchtung" ist keine adäquate Übersetzung, aber ich werde diesen Ausdruck versuchsweise verwenden. Erleuchtung kommt ganz plötzlich zu uns. Das ist wahre Erleuchtung. Vor Bodhidharma dachten die Menschen, plötzliche Erleuchtung würde nach einer langen Vorbereitungszeit kommen. So war die Zen-Praxis eine Art Training, um Erleuchtung zu bekommen. Tatsächlich praktizieren auch heute viele Menschen Zen mit dieser Vorstellung. Doch das ist nicht das traditionelle Verständnis von Zen. Das Verständnis, von Buddha bis in unsere Tage weitergegeben, ist, dass wenn ihr mit Zazen beginnt, Erleuchtung da ist, auch ohne jede Vorbereitung. Ob ihr Zazen praktiziert oder nicht, ihr habt Buddha-Natur. Weil ihr sie habt, ist Erleuchtung in eurer Praxis. Was wir betonen ist nicht die Stufe, die wir erreichen, sondern das starke Vertrauen, das wir in unsere ursprüngliche Natur haben, und die Aufrichtigkeit unserer Praxis. Wir sollten Zen mit der gleichen Aufrichtigkeit praktizieren wie der Buddha. Wenn wir ursprünglich Buddha-Natur haben, dann praktizieren wir Zazen, weil wir uns wie Buddha verhalten müssen. Unseren Weg überliefern heißt, unseren Geist von Buddha zu überliefern. Daher müssen wir unseren Geist, unsere Körperhaltung und unsere Aktivität mit dem überlieferten Weg in Einklang bringen. Natürlich mögt ihr bestimmte Stufen erreichen, aber der Geist eurer Praxis sollte nicht auf selbstbezogene Vorstellungen gegründet sein.

Nach dem traditionellen buddhistischen Verständnis ist unsere menschliche Natur ohne Ich. Wenn wir keine Vorstellung eines Ich besitzen, haben wir Buddhas Lebensanschauung. Unsere selbstbezogenen Vorstellungen sind Täuschungen, die unsere Buddha-Natur verdecken. Wir erzeugen sie immer wieder und folgen ihnen, und indem wir diesen Prozess immer und immer wiederholen, wird unser Leben von selbstbezogenen Ideen vollkommen ausgefüllt. Das nennt man karmisches Leben oder Karma. Das buddhistische Leben sollte kein karmisches Leben sein. Die Absicht unserer Praxis ist, den karmisch spinnenden Geist abzuschneiden. Wenn ihr versucht, Erleuchtung zu erlangen, ist das ein Teil von Karma. Ihr erzeugt Karma und werdet von Karma getrieben, und ihr vergeudet eure Zeit auf eurem Sitzkissen. Nach Bodhidharmas Verständnis ist eine Praxis, die auf der Vorstellung beruht, etwas zu bekommen, nur eine Wiederholung eures Karmas. Viele spätere Zen-Meister haben diesen Punkt vergessen und betonten bestimmte Entwicklungsstufen, die man durch die Praxis erreichen kann.

Wichtiger als jede Stufe, die ihr erreicht, ist eure Aufrichtigkeit, euer rechtes Bemühen. Dies muss auf dem rechten Verständnis unserer traditionellen Praxis gegründet sein. Wenn ihr diesen Punkt versteht, werdet ihr begreifen, wie wichtig es ist, die rechte Haltung zu wahren. Wenn ihr das nicht versteht, dann sind Haltung und Atemübung nur ein Mittel, um Erleuchtung zu bekommen. Wenn das eure Einstellung ist, dann wäre es viel besser, ihr würdet Drogen nehmen, statt in der Haltung mit gekreuzten Beinen zu sitzen! Wenn unsere Praxis nur ein Mittel ist, Erleuchtung zu bekommen, gibt es in Wirklichkeit keinen Weg, sie zu erlangen! Unterwegs zum Ziel, verlieren wir den Sinn des Weges aus den Augen. Doch wenn wir fest an unseren Weg glauben, haben wir die Erleuchtung bereits erlangt. Wenn ihr an euren Weg glaubt, ist die Erleuchtung da. Doch wenn ihr an den Sinn der Praxis, die ihr in diesem Augenblick ausübt, nicht glauben könnt, könnt ihr überhaupt nichts tun. Dann lauft ihr mit eurem Affengeist nur um das Ziel herum. Ihr sucht immer nach etwas, ohne zu wissen, was ihr tut. Wenn ihr etwas sehen wollt, dann macht eure Augen auf. Wenn ihr Bodhidharmas Zen nicht versteht, dann versucht ihr, etwas mit geschlossenen Augen zu betrachten. Wir geringschätzen nicht den Gedanken, Erleuchtung zu erlangen, aber das Allerwichtigste ist dieser Augenblick, nicht ein Tag in der Zukunft. Wir müssen uns jetzt, in diesem Augenblick, anstrengen. Das ist das Allerwichtigste für unsere Praxis.

Vor Bodhidharma führte das Studium von Buddhas Lehre zu einer tiefgründigen und erhabenen Philosophie des Buddhismus, und die Menschen strebten danach, diese hohen Ideale zu erreichen. Das ist ein Fehler. Bodhidharma entdeckte, dass es ein Fehler war, eine erhabene oder tiefgründige Idee zu erschaffen und dann zu versuchen, sie durch die Praxis des Zazen zu erreichen. Wenn das unser Zazen ist, ist es nichts anderes als unsere gewöhnliche Aktivität, unser Affengeist. Es sieht zwar sehr gut, sehr erhaben und heilig aus, aber tatsächlich unterscheidet es sich nicht von unserem Affengeist. Das ist der Punkt, den Bodhidharma betonte.

Bevor der Buddha Erleuchtung erlangte, unternahm er alle nur möglichen Anstrengungen für uns, und schließlich erlangte er ein gründliches Verstehen der verschiedenen Wege. Ihr denkt vielleicht, dass der Buddha eine Stufe erreichte, auf der er frei war vom karmischen Leben, aber so ist es nicht. Nachdem er Erleuchtung erlangt hatte, erzählte der Buddha viele Geschichten über seine Erfahrungen. Er war überhaupt nicht anders als wir. Als sein Land mit einem mächtigen Nachbarn Krieg führte, erzählte er seinen Schülern von seinem Karma, wie er litt, als er sah, dass sein Land von dem benachbarten König erobert werden würde. Wäre er jemand gewesen, der eine Erleuchtung gewonnen hatte, in der es kein Karma gab, hätte er keinen Grund gehabt, so zu leiden. Und selbst nachdem er Erleuchtung erlangt hatte, setzte er die gleichen Bemühungen fort, wie wir sie unternehmen. Aber seine Lebensanschauung war unerschütterlich. Seine Lebensanschauung war fest gegründet, und er betrachtete das Leben jedes Menschen, einschließlich seines eigenen. Er betrachtete sich selbst, und er betrachtete andere mit denselben Augen, mit denen er Steine oder Pflanzen oder irgendetwas anderes betrachtete. Er hatte ein sehr wissenschaftliches Verständnis. So war seine Lebensweise, nachdem er Erleuchtung erlangt hatte.

Wenn wir der Wahrheit mit dem Geist dieser Überlieferung folgen und unseren Weg ohne selbstbezogene Vorstellungen praktizieren, werden wir Erleuchtung in ihrem wahren Sinn erlangen. Und wenn wir dies verstehen, werden wir uns in jedem Augenblick nach unseren besten Kräften bemühen. Das ist wahres Verständnis des Buddhismus. So ist unser Verständnis des Buddhismus nicht einfach ein intellektuelles Verstehen. Unser Verstehen ist zugleich sein eigener Ausdruck, ist die Praxis selbst. Nicht durch Lektüre oder philosophische Betrachtung können wir verstehen, was Buddhismus ist. Wir sollten beständig Zazen praktizieren, mit starkem Vertrauen in unsere wahre Natur, um die Kette karmischer Aktivität zu durchbrechen und unseren Platz in der Welt der wirklichen Praxis zu finden.

Vergänglichkeit

Wir sollten vollkommene Existenz durch unvollkommene Existenz finden.

Die grundlegende Lehre des Buddhismus ist die Lehre von der Vergänglichkeit beziehungsweise vom Wandel. Dass alles sich wandelt, ist die Grundwahrheit jeder Existenz. Niemand kann diese Wahrheit bestreiten, und darin ist die gesamte Lehre des Buddhismus zusammengefasst. Diese Lehre gilt für uns alle. Wohin wir auch gehen, diese Lehre ist wahr. Sie wird auch verstanden als die Lehre von der Selbst-losigkeit. Weil jede Existenz in ständigem Wandel begriffen ist, gibt es kein dauerhaftes Selbst. Ja, die Selbst-Natur jeglicher Existenz ist nichts anderes als Wandel, die Selbst-Natur aller Existenz. Es gibt keine besondere, getrennte Selbst-Natur einer einzelnen Existenz. Dies wird auch die Lehre von Nirvana genannt. Wenn wir die immer gültige Wahrheit des „alles wandelt sich" wirklich verstehen, und ruhige Gelassenheit darin finden, dann finden wir uns in Nirvana.

Wenn wir die Tatsache, dass alles sich wandelt, nicht akzeptieren, können wir keine vollkommene Gelassenheit finden. Doch leider können wir dies, obwohl es wahr ist, nur schwer annehmen. Weil wir die Wahrheit der Vergänglichkeit nicht annehmen können, leiden wir. Die Ursache unseres Leidens liegt also in unserem Nicht-Akzeptieren dieser Wahrheit. Die Lehre von der Ursache des Leidens und die Lehre, dass alles sich wandelt, sind demnach zwei Seiten einer Münze. Doch subjektiv gesehen, ist die Vergänglichkeit die Ursache unseres Leidens. Objektiv ist diese Lehre einfach die Grundwahrheit, dass alles sich wandelt. Dogen Zenji hat gesagt: „Eine Lehre, die sich nicht so anhört, als wollte sie euch etwas aufzwingen, ist keine wahre Lehre." Die Lehre selbst ist wahr, und als solche drängt sie uns nichts auf, aber unsere menschliche Natur neigt dazu, die Lehre so aufzufassen, als würde sie uns etwas aufzwingen. Doch ob uns dies gefällt oder nicht, diese Wahrheit existiert. Wenn nichts existiert, existiert auch diese Wahrheit nicht. Der Buddhismus existiert aufgrund jeder einzelnen Existenz.

Wir sollten vollkommene Existenz durch unvollkommene Existenz finden. Wir sollten Vollkommenheit in der Unvollkommenheit finden. Für uns unterscheidet sich vollständige Vollkommenheit nicht von Unvollkommenheit. Das Ewige existiert aufgrund der nicht-ewigen Existenz. Im Buddhismus ist es eine ketzerische Ansicht, etwas außerhalb dieser Welt zu erwarten. Wir suchen nicht nach etwas außerhalb von uns selbst. Wir sollten die Wahrheit in dieser Welt finden, durch unsere Schwierigkeiten, durch unser Leiden. Das ist die grundlegende Lehre des Buddhismus. Freude ist nicht verschieden von Mühe. Gut ist nicht verschieden von schlecht. Schlecht ist gut; gut ist schlecht. Sie sind zwei Seiten einer Münze. So sollte Erleuchtung in der Praxis sein. Das ist das rechte Verstehen der Praxis und das rechte Verstehen unseres Lebens. Freude im Leid zu finden, ist so der einzige Weg, wie wir die Wahrheit der Vergänglichkeit annehmen können. Ohne die Erkenntnis, wie man diese Wahrheit akzeptiert, könnt ihr in dieser Welt nicht leben. Auch wenn ihr versucht, ihr zu entrinnen, wird euer Bemühen vergeblich sein. Wenn ihr glaubt, es gäbe einen anderen Weg, die ewige Wahrheit zu akzeptieren, dass alles sich wandelt, ist das eure Täuschung. Das ist die grundlegende Lehre, wie in dieser Welt zu leben ist. Was immer ihr davon haltet, ihr müsst sie akzeptieren. Diese Art von Anstrengung müsst ihr unternehmen.

Bis wir also stark genug werden, Mühe als Freude anzunehmen, müssen wir in dieser Bemühung fortfahren. Tatsächlich, wenn ihr ehrlich genug oder direkt genug werdet, ist es nicht einmal so schwer, diese Wahrheit zu akzeptieren. Ihr könnt eure Denkweise ein wenig ändern. Es ist schwierig, aber diese Schwierigkeit wird nicht immer gleich bleiben. Manchmal wird es schwieriger sein, und manchmal wird es nicht so schwer sein. Wenn ihr leidet, werdet ihr in der Lehre, dass alles sich wandelt, einige Freude finden. Wenn ihr in Nöten seid, ist es ganz leicht, diese Lehre zu akzeptieren. Warum sie also nicht auch zu anderen Zeiten annehmen? Es ist dasselbe. Manchmal lacht ihr vielleicht über euch selbst, wenn ihr entdeckt, wie selbstsüchtig ihr seid. Doch was auch immer ihr von dieser Lehre haltet, es ist sehr wichtig, dass ihr eure Denkweise ändert und die Wahrheit der Vergänglichkeit akzeptiert.

DIE EIGENART DES SEINS

Wenn ihr etwas tut, wenn ihr euren Geist mit einigem Vertrauen fest auf die Aktivität richtet, ist die Beschaffenheit eures Geisteszustandes die Aktivität selbst. Wenn ihr auf die Eigenart eures Seins konzentriert seid, seid ihr vorbereitet auf die Aktivität.

Der Zweck des Zazen ist, die Freiheit unseres Seins zu erlangen, körperlich und geistig. Nach Dogen Zenji ist jede Existenz wie ein Aufblitzen in der unermesslichen Welt der Erscheinungen. Jede Existenz ist ein anderer Ausdruck der Eigenart des Seins selbst. Oft sehe ich am frühen Morgen viele Sterne. Sie sind nichts anderes als das Licht, das mit rasender Geschwindigkeit viele Meilen von den Himmelskörpern hergereist ist. Doch für mich sind die Sterne keine geschwinden Wesen, sondern ruhige, beständige und friedvolle Wesen. Wir sagen: „In der Ruhe soll Aktivität sein; in der Aktivität Ruhe." In Wirklichkeit sind sie dasselbe. „Ruhe" zu sagen oder „Aktivität" heißt nur, zwei verschiedene Deutungen ein und derselben Tatsache auszudrücken. In unserer Aktivität ist Harmonie, und wo Harmonie ist, ist Ruhe. Diese Harmonie ist die Eigenart des Seins; aber die Eigenart des Seins ist zugleich nichts anderes als ihre geschwinde Aktivität.

Wenn wir sitzen, fühlen wir uns ganz ruhig und gelassen, aber tatsächlich wissen wir nicht, was für eine Aktivität sich innerhalb unseres Seins vollzieht. In der Aktivität unseres Körpersystems herrscht vollkommene Harmonie, und deshalb fühlen wir die Ruhe darin. Selbst, wenn wir sie nicht empfinden, ist diese Qualität da. Wir brauchen uns deshalb nicht den Kopf zu zerbrechen über Ruhe oder Aktivität, Stille oder Bewegung. Wenn ihr etwas tut, wenn ihr euren Geist mit einigem Vertrauen fest auf die Aktivität richtet, ist die Beschaffenheit eures Geisteszustands die Aktivität selbst. Wenn ihr auf die Eigenart eures Seins konzentriert seid, seid ihr vorbereitet auf die Aktivität. Bewegung ist nichts anderes als die Eigenart eures Seins. Wenn wir Zazen praktizieren, ist die Beschaffenheit unseres ruhigen, steten, gelassenen Sitzens die Eigenart der ungeheuren Aktivität des Seins selbst.

„Alles ist nur ein Aufblitzen in der unermesslichen Welt der Erscheinungen" heißt Freiheit unseres Tuns und unseres Seins. Wenn ihr in der richtigen Weise, mit rechtem Verständnis sitzt, dann gewinnt ihr die Freiheit eures Seins, obwohl ihr nur eine zeitliche Existenz seid. Innerhalb dieses Augenblicks verändert sich diese zeitliche Existenz nicht, sie bewegt sich nicht und ist immer unabhängig von anderen Existenzen. Im nächsten Augenblick entsteht eine andere Existenz, wir können uns in etwas anderes verwandeln. Genau genommen, gibt es keine Verbindung zwischen meinem Ich gestern und meinem Ich in diesem Augenblick; da gibt es überhaupt keine Verbindung. Dogen Zenji sagte: „Holzkohle wird nicht zu Asche." Asche ist Asche; sie gehört nicht zur Holzkohle. Sie haben ihre eigene Vergangenheit und Zukunft. Sie sind eine unabhängige Existenz, weil sie ein Aufleuchten in der unermesslichen Welt der Erscheinungen sind. Und Holzkohle und glühend rotes Feuer sind ganz verschiedene Existenzen. Auch schwarze Holzkohle ist ein Aufleuchten in der unermesslichen Welt der Erscheinungen. Wo schwarze Holzkohle ist, ist keine glühend rote Kohle. So ist schwarze Holzkohle unabhängig von glühend roter Kohle; Asche ist unabhängig von Brennholz; jede Existenz ist unabhängig.

Heute sitze ich in Los Altos. Morgen Vormittag werde ich in San Francisco sein. Es gibt keine Verbindung zwischen dem Ich in Los Altos und dem Ich in San Francisco. Das sind gänzlich verschiedene Wesen. Hier haben wir die Freiheit der Existenz. Und es gibt keine Eigenschaft, die euch und mich verbindet. Wenn ich „ihr" sage, gibt es kein „ich", und wenn ich „ich" sage, gibt es kein „ihr". Ihr seid unabhängig, und ich bin unabhängig; jeder existiert in einem anderen Augenblick. Das heißt aber nicht, dass wir ganz verschiedene Wesen wären. Wir sind in Wirklichkeit ein und dasselbe Sein. Wir sind dasselbe und doch verschieden. Das ist sehr paradox, aber es ist wirklich so. Weil wir unabhängige Wesen sind, ist jeder Einzelne von uns ein vollkommenes Aufleuchten in der unermesslichen Welt der Erscheinungen. Wenn ich sitze, gibt es keine andere Person, aber das heißt nicht, dass ich euch ignoriere. Ich bin vollkommen eins mit jeder Existenz in der Erscheinungswelt. Wenn ich also sitze, sitzt ihr, alles sitzt mit mir. Das ist unser Zazen. Wenn ihr sitzt, sitzt alles mit euch. Und alles macht die Eigenart eures Seins aus. Ich bin ein Teil von euch. Ich gehe in die Beschaffenheit eures Seins ein. Daher haben wir in dieser Praxis die absolute Befreiung von allem anderen. Wenn ihr dieses Geheimnis versteht, gibt es keinen Unterschied zwischen der Zen-Praxis und eurem täglichen Leben. Ihr könnt alles deuten, wie ihr es wünscht.

Ein schönes Bild ist das Ergebnis eines Gefühls in euren Fingern. Wenn ihr die dickflüssige Tusche in eurem Pinsel spürt, ist das Bild bereits da, bevor ihr es malt. Wenn ihr den Pinsel in die Tusche taucht, kennt ihr schon das Ergebnis eurer Zeichnung, sonst könnt ihr nicht malen. Bevor ihr also etwas tut, ist „Sein“ da, ist das Ergebnis schon da. Auch wenn ihr so ausseht, als würdet ihr still dasitzen, ist eure gesamte Aktivität, die vergangene und gegenwärtige, darin enthalten; und das Resultat eures Sitzens ist auch schon da. Ihr ruht keineswegs. All eure Aktivität ist in euch enthalten. Das ist euer Sein. Alle Ergebnisse eurer Praxis sind schon in eurem Sitzen enthalten. Das ist unsere Praxis, das ist Zazen.

Dogen Zenjis Interesse am Buddhismus erwachte, als er als Junge den Rauch von einem Räucherstab aufsteigen sah, der neben dem Leichnam seiner Mutter brannte, und er die Vergänglichkeit unseres Lebens fühlte. Dieses Gefühl wuchs in ihm und führte schließlich dazu, dass er Erleuchtung erlangte und seine tiefgründige Philosophie entwickelte. Als er den Rauch des Räucherstabs sah und die Vergänglichkeit des Lebens empfand, fühlte er sich sehr einsam. Dieses Gefühl der Einsamkeit wurde immer stärker und kam zur Blüte in seiner Erleuchtung, als er achtundzwanzig Jahre alt war. Im Augenblick der Erleuchtung rief er aus: „Es gibt keinen Körper und keinen Geist!“ Als er das sagte: „keinen Körper und keinen Geist“, wurde sein ganzes Sein in diesem Augenblick zu einem Aufleuchten in der unermesslichen Welt der Erscheinungen, einem Aufblitzen, das alles einschloss, alles umfasste, das unermessliche Qualität in sich barg. Die gesamte Erscheinungswelt war darin enthalten, eine absolut unabhängige Existenz. Das war seine Erleuchtung. Beginnend mit dem Gefühl der Einsamkeit angesichts der Vergänglichkeit des Lebens, erlangte er diese machtvolle Erfahrung der Beschaffenheit seines Seins. Er sagte: „Körper und Geist sind von mir abgefallen." Weil ihr glaubt, dass ihr Körper und Geist habt, habt ihr Gefühle von Einsamkeit, aber wenn ihr erkennt, dass alles nur ein Aufleuchten im weiten Universum ist, werdet ihr sehr stark, und eure Existenz bekommt einen tiefen Sinn. Das war Dogens Erleuchtung, und das ist unsere Praxis.

NATÜRLICHKEIT

Augenblick für Augenblick kommt jeder aus dem Nichts hervor. Das ist die wahre Lebensfreude.

Es herrscht ein großes Missverständnis über die Vorstellung von Natürlichkeit. Die meisten Menschen, die zu uns kommen, glauben an eine gewisse Freiheit und Natürlichkeit, aber was sie darunter verstehen, ist das, was wir *jinen ken gedo* oder „ketzerische Natürlichkeit" nennen. *Jinen ken gedo* bedeutet, dass man keine Formen zu wahren braucht – nur eine Art „Strategie des Sich-Nicht-Einmischens" oder der Schlampigkeit. Das heißt Natürlichkeit für die meisten Menschen. Aber das ist nicht die Natürlichkeit, die wir meinen. Es ist ziemlich schwer zu erklären, aber ich glaube, Natürlichkeit ist ein gewisses Gefühl der Unabhängigkeit von allem oder eine Aktivität, die auf dem Nichts gegründet ist. Etwas, das aus dem Nichts kommt, ist Natürlichkeit, wie ein Samenkorn oder wie eine Pflanze, die aus dem Boden sprießt. Das Samenkorn hat keine Vorstellung, eine bestimmte Pflanze zu sein, aber es hat seine eigene Form und ist in vollkommener Harmonie mit dem Boden, mit seiner Umgebung. Während es wächst, drückt es, im Lauf der Zeit, seine Natur aus. Nichts existiert ohne Form und Farbe. Alles, was immer es ist, hat eine gewisse Form und Farbe, und diese Form und Farbe sind in vollkommener Harmonie mit anderen Wesen. Und es gibt keine Schwierigkeiten. Das verstehen wir unter Natürlichkeit.

Für eine Pflanze oder einen Stein ist es kein Problem, natürlich zu sein. Für uns ist es jedoch ein Problem, ja, sogar ein großes. Natürlich zu sein ist etwas, woran wir arbeiten müssen. Wenn das, was ihr tut, einfach aus dem Nichts hervorkommt, habt ihr ein ganz neues Empfinden. Wenn ihr zum Beispiel Hunger habt, so ist es Natürlichkeit, wenn ihr euch etwas zu essen nehmt. Ihr fühlt euch natürlich. Aber wenn ihr bloß gierig seid, ist es nicht natürlich, etwas zu essen. Dabei habt ihr kein neues Gefühl. Ihr wisst das

Essen dann nicht zu schätzen. Die wahre Praxis von Zazen ist sitzen, so wie man Wasser trinkt, wenn man durstig ist. Da habt ihr Natürlichkeit. Es ist ganz natürlich für euch, dass ihr ein Schläfchen macht, wenn ihr sehr müde seid. Doch sich aufs Ohr zu legen, nur weil man faul ist, als wäre es das Vorrecht menschlicher Wesen, ein Schläfchen zu machen, ist nicht Natürlichkeit. Ihr denkt: „Alle meine Freunde machen ein Schläfchen, warum ich nicht auch? Wenn alle anderen nicht arbeiten, warum soll ich schuften? Wenn sie viel Geld haben, warum nicht ich?" Das ist nicht Natürlichkeit. Euer Geist ist verstrickt mit einer anderen Vorstellung, mit der Vorstellung eines anderen, und ihr seid nicht unabhängig, nicht ihr selbst und nicht natürlich. Wenn ihr mit gekreuzten Beinen sitzt, aber euer Zazen nicht natürlich ist, ist es keine wahre Praxis. Ihr müsst euch nicht zwingen, Wasser zu trinken, wenn ihr durstig seid. Ihr seid froh, dass ihr Wasser trinken könnt. Wenn ihr an eurem Zazen wirkliche Freude habt, ist es wahres Zazen. Aber selbst dann, wenn ihr euch zum Zazen zwingen müsst, sofern ihr etwas Gutes in eurer Praxis fühlt, ist es Zazen. Eigentlich geht es nicht darum, ob ihr euch zu etwas zwingt oder nicht. Auch wenn ihr Schwierigkeiten habt, wenn ihr sie haben wollt, ist das Natürlichkeit.

Diese Natürlichkeit ist sehr schwer zu erklären. Doch wenn ihr einfach nur sitzen und die Wirklichkeit des Nichts in eurer Praxis erfahren könnt, bedarf es keiner Erklärung. Wenn, was immer ihr tut, aus dem Nichts hervorgeht, ist es natürlich, und das ist die wahre Aktivität. Ihr habt darin die wahre Freude der Praxis, die wahre Lebensfreude. Jeder kommt aus dem Nichts hervor, Augenblick für Augenblick. Augenblick für Augenblick haben wir wahre Lebensfreude. Daher sagen wir: *shin ku myo u*, „Aus wahrer Leerheit erscheint das wunderbare Sein." *Shin* heißt „echt, wahr"; *ku* bedeutet „Leerheit"; *myo* ist „wunderbar"; *u* ist „Sein": Aus wahrer Leerheit wunderbares Sein.

Ohne das Nichts gibt es keine Natürlichkeit – kein wahres Sein. Wahres Sein kommt aus dem Nichts, Augenblick für Augenblick. Das Nichts ist immer da, und aus ihm geht alles hervor. Doch gewöhnlich vergesst ihr das Nichts und benehmt euch, als hättet ihr etwas. Was ihr tut, beruht auf einer besitzergreifenden Vorstellung oder auf einer konkreten Vorstellung, und das ist nicht natürlich. Wenn ihr zum Beispiel einen Vortrag hört, solltet ihr das ganz ohne eine Vorstellung von euch selbst tun. Ihr solltet keine eigenen Vorstellungen haben, wenn ihr jemandem zuhört. Vergesst, was ihr im Sinn habt, und hört nur zu, was der Betreffende sagt. Nichts im Sinn zu haben ist Natürlichkeit. Dann versteht ihr, was er sagt. Wenn ihr jedoch eine Vorstellung habt, zum Vergleichen mit dem, was er sagt, werdet ihr nicht alles hören. Dann wird euer Verständnis einseitig sein; das ist nicht Natürlichkeit. Wenn ihr etwas tut, solltet ihr euch gänzlich darauf einlassen. Ihr solltet euch der Sache ganz hingeben. Dann habt ihr nichts. Wenn also in eurer Aktivität keine wahre Leerheit ist, dann ist sie nicht natürlich.

Die meisten Menschen beharren auf einer Vorstellung. Neuerdings redet die jüngere Generation so viel von Liebe. Liebe! Liebe! Liebe! Ihr Geist ist voll von Liebe! Und wenn sie Zen studieren und das, was ich sage, nicht mit ihrer Vorstellung von Liebe übereinstimmt, nehmen sie es nicht an. Sie sind ziemlich eigensinnig, wisst ihr. Ihr würdet staunen! Einige, natürlich nicht alle, haben eine unglaublich harte Haltung. Das ist überhaupt keine Natürlichkeit. Obwohl sie von Liebe und Freiheit oder Natürlichkeit reden, verstehen sie nichts davon. Und so können sie auch nicht verstehen, was Zen ist. Wenn ihr Zen studieren wollt, solltet ihr alle vorherigen Vorstellungen vergessen, nur Zazen praktizieren und sehen, was für Erfahrungen ihr in eurer Praxis macht. Das ist Natürlichkeit.

Was ihr auch tut, diese Einstellung ist notwendig. Manchmal sagen wir *nyu nan shin*, „sanfter oder biegsamer Geist". *Nyu* bedeutet „sanftes Empfinden"; *nan* ist „etwas, das nicht hart ist"; *shin* bedeutet „Geist". *Nyu nan shin* bedeutet ein weicher, natürlicher Geist. Wenn ihr diesen Geist habt, habt ihr Lebensfreude. Wenn ihr ihn verliert, verliert ihr alles. Dann habt ihr nichts. Ihr denkt zwar, ihr hättet etwas, aber ihr habt nichts. Doch wenn alles, was ihr tut, aus dem Nichts hervorgeht, habt ihr alles. Versteht ihr? Das ist es, was wir unter Natürlichkeit verstehen.

Leerheit

Wenn ihr den Buddhismus studiert, solltet ihr euren Geist einem großen Hausputz unterziehen.

Wenn ihr den Buddhismus verstehen wollt, müsst ihr alle eure vorgefassten Meinungen vergessen. Zunächst einmal müsst ihr die Vorstellung von Substanzhaftigkeit oder Existenz aufgeben. Die übliche Lebensanschauung ist fest verwurzelt in der Vorstellung der Existenz. Für die meisten Menschen existiert alles; sie denken, dass alles, was sie sehen und was sie hören, existiert. Natürlich existiert der Vogel, den wir sehen und hören. Er existiert, aber was ich damit meine, ist vielleicht nicht dasselbe wie das, was ihr meint. Die buddhistische Lebensauffassung umfasst sowohl Existenz wie Nicht-Existenz. Der Vogel existiert und gleichzeitig existiert er nicht. Wir sagen, dass eine Lebensauffassung, die bloß auf der Existenz gründet, ketzerisch ist. Wenn ihr die Dinge allzu ernst nehmt, als ob sie substanziell oder dauerhaft existierten, dann werdet ihr Ketzer genannt. Die meisten Menschen sind wohl in diesem Sinne Ketzer.

Wir sagen, wahre Existenz kommt aus der Leerheit und kehrt wieder in die Leerheit zurück. Was aus der Leerheit hervorgeht, ist wahre Existenz. Wir müssen das Tor der Leerheit durchschreiten. Diese Vorstellung von Existenz ist sehr schwer zu erklären. Viele Menschen empfinden heutzutage, zumindest intellektuell, die Leere der modernen Welt oder die Widersprüchlichkeit ihrer Kultur. So hatten beispielsweise viele Japaner in der Vergangenheit das feste Vertrauen, dass ihre Kultur und traditionelle Lebensweise von dauerhafter Existenz seien, aber nachdem sie den Krieg verloren haben, sind sie sehr skeptisch geworden. Manche Leute finden diese skeptische Haltung furchtbar, doch eigentlich ist sie besser als die alte.

Solange wir eine bestimmte Vorstellung von der Zukunft haben oder eine Hoffnung, nehmen wir den Augenblick, der jetzt existiert, nicht wirklich ernst. Ihr könnt sagen: „Das kann ich morgen oder nächstes Jahr tun", weil ihr denkt, dass etwas, das heute existiert, auch morgen existieren wird. Auch wenn ihr euch nicht besonders anstrengt, erwartet ihr, dass etwas Verheißungsvolles eintreten wird, solange ihr einem bestimmten Weg folgt. Aber es gibt keinen bestimmten Weg, der dauerhaft existiert. Es gibt keinen vorgezeichneten Weg für uns. Augenblick für Augenblick müssen wir unseren eigenen Weg finden. Eine Vorstellung von Vollkommenheit oder ein vollkommener Weg, den ein anderer vorgegeben hat, ist nicht der wahre Weg für uns.

Jeder von uns muss seinen eigenen wahren Weg gehen, und wenn wir das tun, drückt dieser Weg den universellen Weg aus. Das ist das Geheimnis. Wenn ihr etwas durch und durch versteht, versteht ihr alles. Wenn ihr versucht, alles zu verstehen, werdet ihr gar nichts verstehen. Der beste Weg ist, euch selbst zu verstehen, und dann werdet ihr alles verstehen. Wenn ihr euch daher anstrengt, euren eigenen Weg zu gehen, dann helft ihr anderen, und euch wird von anderen geholfen. Bevor ihr nicht euren eigenen Weg geht, könnt ihr niemandem helfen, und niemand kann euch helfen. Um in diesem wahren Sinn unabhängig zu sein, müssen wir alles vergessen, was wir in unserem Geist haben, und etwas entdecken, das ganz neu und in jedem Augenblick anders ist. Das ist die Art, wie wir in dieser Welt leben.

Daher sagen wir, wahres Verstehen wird aus der Leerheit kommen. Wenn ihr Buddhismus studiert, solltet ihr euren Geist einem großen Hausputz unterziehen. Ihr müsst alles aus eurem Zimmer entfernen und es gründlich reinigen. Wenn nötig, könnt ihr dann alles wieder zurücktragen. Es mag sein, dass ihr viele Dinge haben wollt, also könnt ihr eines nach dem anderen wieder zurückbringen. Aber wenn sie nicht notwendig sind, braucht ihr sie nicht behalten.

Wir sehen einen Vogel fliegen. Manchmal sehen wir seine Spur. In Wirklichkeit können wir die Spur eines fliegenden Vogels nicht sehen, aber manchmal haben wir das Gefühl, als ob wir es könnten. Auch das ist gut. Wenn es nötig ist, solltet ihr die Dinge, die ihr aus eurem Zimmer ausgeräumt habt, wieder zurückbringen. Doch bevor ihr etwas in euer Zimmer stellt, müsst ihr etwas herausnehmen. Wenn ihr das nicht tut, wird euer Zimmer mit altem, nutzlosem Plunder vollgestopft sein.

Wir sagen: „Schritt für Schritt halte ich das Geräusch des murmelnden Baches an." Wenn ihr den Bach entlanggeht, hört ihr das fließende Wasser. Das Geräusch ist kontinuierlich, doch ihr müsst in der Lage sein, es anzuhalten, wenn ihr es anhalten wollt. Das ist Freiheit; das ist Verzicht. Ihr habt die verschiedensten Gedanken, einen nach dem anderen in eurem Geist, doch wenn ihr euer Denken anhalten wollt, könnt ihr das. Wenn ihr also in der Lage seid, das Geräusch des murmelnden Baches anzuhalten, werdet ihr das Gefühl eurer Arbeit zu schätzen wissen. Aber solange ihr eine fixe Vorstellung habt oder gefangen seid von einer gewohnten Weise, etwas zu tun, könnt ihr die Dinge nicht in ihrem wahren Sinn würdigen.

Wenn ihr nach Freiheit sucht, könnt ihr sie nicht finden. Absolute Freiheit selbst ist notwendig, bevor ihr absolute Freiheit erlangen könnt. Das ist unsere Praxis. Unser Weg ist, nicht immer in eine Richtung zu gehen. Manchmal gehen wir nach Osten und manchmal nach Westen. Eine Meile nach Westen gehen bedeutet eine Meile nach Osten gehen. Eine Meile nach Osten zu gehen ist gewöhnlich das Gegenteil davon, eine Meile nach Westen zu gehen. Aber wenn es möglich ist, eine Meile nach Osten zu gehen, so heißt dies, dass es auch möglich ist, eine Meile nach Westen zu gehen. Das ist Freiheit. Ohne diese Freiheit könnt ihr nicht auf das konzentriert sein, was ihr tut. Ihr glaubt vielleicht, dass ihr auf etwas konzentriert seid, doch ehe ihr diese Freiheit erlangt habt, werdet ihr bei dem, was ihr tut, ein gewisses Unbehagen empfinden. Weil ihr an die Vorstellung gebunden seid, nach Osten oder Westen zu gehen, ist euer Tun unterscheidend oder in Dualität. Solange ihr in der Dualität gefangen seid, könnt ihr nicht absolute Freiheit erlangen, und ihr könnt euch nicht konzentrieren.

Konzentration bedeutet nicht, angestrengt zu versuchen, etwas zu beobachten. Wenn ihr im Zazen versucht, auf einen Punkt zu schauen, werdet ihr in etwa fünf Minuten ermüdet sein. Das ist nicht Konzentration. Konzentration bedeutet Freiheit. Deshalb sollte eure Bemühung auf nichts gerichtet sein. Ihr solltet auf nichts konzentriert sein. In der Zazen-Praxis sagen wir, dass euer Geist auf den Atem konzentriert sein sollte, aber man hält den Geist beim Atem, indem man sich selbst ganz vergisst und nur sitzt und den Atem spürt. Wenn ihr auf den Atem konzentriert seid, werdet ihr euch selbst vergessen, und wenn ihr euch selbst vergesst, werdet ihr auf euren Atem konzentriert sein. Ich weiß nicht, was zuerst da ist. Es besteht also keine Notwendigkeit, dass ihr euch allzu sehr anstrengt, auf euren Atem konzentriert zu sein. Tut nur so viel, wie ihr könnt. Wenn ihr mit dieser Praxis fortfahrt, werdet ihr schließlich die wahre Existenz erfahren, die aus der Leerheit hervorgeht.

Bereitschaft, Achtsamkeit

Es ist die Bereitschaft des Geistes, die Weisheit ist.

Das Wichtigste im Prajnaparamita-Sutra ist natürlich der Begriff der Leerheit. Bevor wir den Begriff der Leerheit verstehen, scheint alles substanzhaft zu existieren. Aber nachdem wir die Leerheit der Dinge erkannt haben, wird alles wirklich – nicht substanzhaft. Wenn wir erkennen, dass alles, was wir sehen, Teil der Leerheit ist, können wir keiner Existenz anhaften. Wir erkennen, dass alles nur von vorläufiger Form und Farbe ist. So erkennen wir die wahre Bedeutung jeder vorläufigen Existenz. Wenn wir hören, dass alles von vorläufiger Existenz ist, sind die meisten von uns enttäuscht, doch diese Enttäuschung resultiert aus einer falschen Vorstellung von Mensch und Natur. Weil die Art und Weise, wie wir die Dinge betrachten, tief verwurzelt ist in unseren selbstbezogen Vorstellungen, sind wir enttäuscht, wenn wir entdecken, dass alles nur eine vorläufige Existenz hat. Doch wenn wir diese Wahrheit wirklich begreifen, werden wir frei sein von Leiden.

Im Sutra heißt es: „Bodhisattva Avalokiteshvara beobachtet, dass alles Leerheit ist, und so lässt er alles Leiden hinter sich." Er überwand das Leiden nicht, *nachdem* er diese Wahrheit erkannt hatte, sondern diese Tatsache zu erkennen ist vom Leiden befreit sein. So ist die Erkenntnis der Wahrheit selbst die Rettung. Wir sagen „erkennen", aber die Erkenntnis der Wahrheit ist immer ganz nah. Wir erkennen die Wahrheit nicht, nachdem wir Zazen praktiziert haben, die Erkenntnis ist schon da, bevor wir Zazen praktizieren. Nicht nachdem wir die Wahrheit begreifen, erlangen wir Erleuchtung. Die Wahrheit erkennen heißt leben – existieren hier und jetzt. Es ist also nicht eine Angelegenheit des Verstehens oder der Praxis. Es ist eine letztendliche Tatsache. In diesem Sutra bezieht der Buddha sich auf die letztendliche Tatsache, der wir Augenblick für Augenblick begegnen. Das ist ein sehr wichtiger Punkt. Das ist Bodhidharmas Zazen. Bevor wir noch praktizieren, ist Erleuchtung schon da. Doch gewöhnlich verstehen wir die Praxis von Zazen und die Erleuchtung als zwei verschiedene Dinge: Hier ist die Praxis, wie eine Brille, und wenn wir die Praxis benutzen, wie man eine Brille aufsetzt, dann sehen wir Erleuchtung. Das ist das falsche Verständnis. Die Brille selbst ist Erleuchtung, und sie aufzusetzen ist ebenfalls Erleuchtung. Was immer ihr also tut, auch wenn ihr gar nichts tut, Erleuchtung ist immer da. Das ist Bodhidharmas Verständnis von Erleuchtung.

Ihr könnt nicht wahres Zazen praktizieren, weil *ihr* es praktiziert; wenn ihr nicht praktiziert, ist Erleuchtung da, und wahres Zazen ist da. Wenn ihr praktiziert, erzeugt ihr eine konkrete Vorstellung von „ihr" oder „ich", und ihr schafft eine bestimmte Vorstellung von Praxis oder Zazen. Ihr seid also hier auf der rechten Seite, und Zazen ist dort auf der linken. So werden aus euch und Zazen zwei verschiedene Dinge. Wenn die Verbindung von Praxis und euch Zazen ist, dann ist es das Zazen eines Frosches. Für den Frosch ist seine Sitzhaltung Zazen; wenn ein Frosch hüpft, ist es nicht Zazen. Diese Art von Missverständnis wird verschwinden, wenn ihr wirklich versteht, was Leerheit bedeutet: dass alles immer da ist. Das ganze Sein ist nicht eine Ansammlung von allem. Es ist unmöglich, eine ganze Existenz in Teile zu zerlegen. Sie ist immer da und immer tätig. Das ist Erleuchtung. So gibt es in Wirklichkeit keine besondere Praxis. In dem Sutra heißt es: „Es gibt keine Augen, keine Ohren, keine Nase, keine Zunge, keinen Körper oder Geist ..." Dieser „Nicht-Geist" ist Zen-Geist, der alle Dinge einschließt.

Wichtig an unserem Verständnis ist, dass wir eine fließende, freidenkende Art des Beobachtens haben. Wir müssen denken und Dinge beobachten, ohne Stockung. Wir sollten die Dinge, wie sie sind, ohne Mühe akzeptieren. Unser Geist sollte weich und offen genug sein, die Dinge zu verstehen, wie sie sind. Wenn unser Denken weich ist, heißt es unerschütterliches Denken. Diese Art des Denkens ist immer fest gegründet. Man nennt es Achtsamkeit. Das Denken, das sich in viele Richtungen zerstreut, ist nicht wahres Denken. Unser Denken sollte gesammelt sein. Das ist Achtsamkeit. Ob ihr ein Objekt habt oder nicht, euer Geist sollte beständig und nicht geteilt sein. Das ist Zazen.

Es ist nicht nötig, dass ihr euch anstrengt, auf eine bestimmte Weise zu denken. Euer Denken sollte nicht einseitig sein. Wir denken einfach mit unserem ganzen Geist und sehen ohne Anstrengung die Dinge, wie sie sind. Einfach sehen, bereit sein, die Dinge mit unserem ganzen Geist anzuschauen, das ist Zazen-Praxis. Wenn wir bereit sind, zu denken, dann ist es nicht nötig, eine Anstrengung zu machen, um zu denken. Das heißt Achtsamkeit. Achtsamkeit ist zugleich Weisheit. Unter Weisheit verstehen wir nicht eine bestimmte Fähigkeit oder eine Philosophie. Es ist die Bereitschaft des Geistes, die Weisheit ist. Daher können unterschiedliche philosophische Denkrichtungen und Lehren sowie verschiedene Arten der Forschung und des Studierens Weisheit sein. Doch wir sollten nicht einer besonderen Weisheit, etwa wie der Buddha sie lehrte, anhaften. Weisheit ist nicht etwas, das man lernen kann. Weisheit ist etwas, das aus eurer Achtsamkeit kommt. Der springende Punkt ist also, dass ihr bereit seid, die Dinge zu beobachten, und dass ihr bereit seid, zu denken. Das wird Leerheit eures Geistes genannt. Leerheit ist nichts anderes als die Praxis des Zazen.

An nichts glauben

In unserem täglichen Leben ist unser Denken zu neunundneunzig Prozent selbstbezogen. „Warum leide ich? Warum bin ich in Schwierigkeiten?"

Ich habe entdeckt, dass es notwendig, absolut notwendig ist, an nichts zu glauben. Das heißt, wir müssen an etwas glauben, das weder Form noch Farbe hat – etwas, das existiert, bevor Form und Farbe in Erscheinung treten. Dies ist sehr wichtig. Ganz gleich, an welchen Gott oder an welche Lehre ihr glaubt, wenn ihr daran anhaftet, wird euer Glaube mehr oder weniger auf einer selbstbezogenen Vorstellung beruhen. Ihr strebt nach einem vollkommenen Glauben, um euch zu retten. Doch es braucht Zeit, einen solchen vollkommenen Glauben zu erlangen. Ihr werdet dabei in eine idealistische Praxis verstrickt sein. Im ständigen Bemühen, euer Ideal zu verwirklichen, werdet ihr keine Zeit für Gelassenheit finden. Wenn ihr aber stets bereit seid, alles, was wir sehen, als etwas anzunehmen, das aus dem Nichts erscheint, im Wissen, dass es einen Grund gibt, warum eine phänomenale Existenz in dieser und jener Gestalt und Farbe erscheint, dann werdet ihr in diesem Augenblick vollkommene Gelassenheit finden.

Wenn ihr Kopfschmerzen habt, dann gibt es einen Grund, weshalb ihr sie habt. Wenn ihr wisst, warum ihr Kopfschmerzen habt, dann fühlt ihr euch besser. Wenn ihr den Grund aber nicht kennt, werdet ihr sagen: „Ach, ich habe schreckliche Kopfschmerzen! Vielleicht ist meine schlechte Praxis daran schuld. Wenn meine Meditation oder meine Zen-Praxis besser wäre, hätte ich dieses Problem nicht!" Wenn ihr die Bedingungen auf diese Weise versteht, werdet ihr keinen vollkommenen Glauben an euch selbst oder an eure Praxis haben, bis ihr Vollkommenheit erreicht habt. Ihr werdet damit so sehr beschäftigt sein, dass ich fürchte, ihr werdet keine Zeit haben, vollkommene Praxis zu erlangen, so dass ihr eure Kopfschmerzen vielleicht für immer behalten müsst! Das ist eine ziemlich törichte Art von Praxis. Diese Art von Praxis wird zu nichts führen. Aber wenn ihr an etwas glaubt, das existierte, bevor ihr Kopfschmerzen hattet, und wenn ihr den Grund wisst, warum ihr Kopfschmerzen habt, dann fühlt ihr euch auf natürliche Weise besser. Es ist in Ordnung, Kopfschmerzen zu haben, weil ihr gesund genug seid, Kopfschmerzen zu haben. Wenn ihr Magenschmerzen habt, ist euer Magen gesund genug, weh zu tun. Doch wenn euer Magen sich an seinen schlechten Zustand gewöhnt, werdet ihr keine Schmerzen haben. Das ist furchtbar. Eure Magenprobleme werden euch am Ende das Leben kosten.

Daher ist es für jeden Menschen absolut notwendig, an nichts zu glauben. Damit meine ich nicht, dass nichts da ist. Es ist etwas da, aber dieses Etwas ist etwas, das immer bereit ist, eine bestimmte Form anzunehmen, und es gibt gewisse Regeln, oder eine Theorie oder Wahrheit in dieser Aktivität. Das nennt man Buddha-Natur oder Buddha selbst. Wenn diese Existenz personifiziert ist, nennen wir es Buddha; verstehen wir es als die letztendliche Wahrheit, dann nennen wir es Dharma; und nehmen wir die Wahrheit an und handeln als Teil des Buddha oder nach der Lehre, dann nennen wir uns Sangha. Doch obwohl es drei Buddha-Formen gibt, ist es *eine* Existenz, die weder Form noch Farbe hat und immer bereit ist, Form und Farbe anzunehmen. Das ist nicht nur Theorie. Das ist nicht nur die Lehre des Buddhismus. Das ist das absolut notwendige Verständnis unseres Lebens. Ohne dieses Verständnis wird unsere Religion uns nicht helfen. Wir werden durch unsere Religion gebunden sein, und wir werden durch sie noch mehr Schwierigkeiten haben. Wenn ihr das Opfer des Buddhismus werdet, bin ich vielleicht sehr glücklich, aber ihr werdet nicht so glücklich sein. Diese Art von Verständnis ist also sehr, sehr wichtig.

Während ihr Zazen praktiziert, hört ihr vielleicht, wie der Regen in der Dunkelheit vom Dach tropft. Später wird der wunderbare Nebel durch die mächtigen Bäume dringen, und noch später, wenn die Menschen an die Arbeit gehen, werden sie die prachtvollen Berge sehen. Aber einige Leute ärgern sich, wenn sie am Morgen im Bett liegen und den Regen hören, weil sie nicht wissen, dass sie später den wunderschönen Sonnenaufgang im Osten sehen werden. Wenn unser Geist auf uns selbst konzentriert ist, werden wir derartige Sorgen haben. Aber wenn wir uns selbst als die Verkörperung der Wahrheit oder der Buddha-Natur akzeptieren, haben wir keine Sorgen. Wir werden denken: „Jetzt regnet es, aber wir wissen nicht, was im nächsten Augenblick geschieht. Wenn wir später hinaus gehen, wird es vielleicht schön oder stürmisch sein. Da wir es nicht wissen, wollen wir jetzt das Geräusch des Regens wertschätzen“. Diese Einstellung ist die richtige. Wenn ihr euch selbst als eine zeitliche Verkörperung der Wahrheit versteht, werdet ihr keinerlei Schwierigkeiten haben. Ihr werdet eure Umgebung schätzen, und ihr werdet euch selbst schätzen als einen wunderbaren Teil von Buddhas großer Aktivität, selbst inmitten von Schwierigkeiten. Das ist unsere Lebensweise.

In buddhistischen Begriffen gesprochen, sollten wir mit der Erleuchtung beginnen, zur Praxis fortschreiten und danach zum Denken. Gewöhnlich ist das Denken sehr selbstbezogen. In unserem täglichen Leben ist unser Denken zu neunundneunzig Prozent selbstbezogen: „Warum leide ich? Warum bin ich in Schwierigkeiten?“ Solche Gedanken machen neunundneunzig Prozent unseres Denkens aus. Wenn wir zum Beispiel mit dem Studium einer Wissenschaft beginnen oder ein schwieriges Sutra lesen, werden wir sehr bald müde oder schläfrig. Aber wir sind immer hellwach und sehr interessiert, wenn es um unser selbstbezogenes Denken geht! Doch wenn die Erleuchtung zuerst kommt, vor dem Denken, vor der Praxis, dann werden euer Denken und eure Praxis nicht selbstbezogen sein. Mit Erleuchtung meine ich, an nichts zu glauben; an etwas zu glauben, das weder Form noch Farbe hat, das aber bereit ist, Form oder Farbe anzunehmen. Diese Erleuchtung ist die unwandelbare Wahrheit. Auf diese ursprüngliche Wahrheit sollten unsere Aktivität, unser Denken und unsere Praxis gegründet sein.

ANHAFTEN, NICHT-ANHAFTEN

Dass wir an etwas Schönem anhaften, ist auch die Aktivität Buddhas.

Dogen Zenji sagte: „Obgleich es Mitternacht ist, ist die Morgendämmerung da; obwohl die Morgendämmerung kommt, ist es Nacht." Diese Aussage vermittelt das Verständnis, das vom Buddha an die Patriarchen, von den Patriarchen an Dogen und an uns überliefert wurde. Tag und Nacht sind nicht verschieden. Dieselbe Sache wird einmal Nacht genannt und einmal Tag. Sie sind ein und dasselbe.

Zazen-Praxis und unsere alltägliche Aktivität sind ein und dasselbe. Wir nennen Zazen Alltagsleben und Alltagsleben Zazen. Doch üblicherweise denken wir: „Nun ist Zazen vorbei, nun gehen wir zu unseren alltäglichen Aktivitäten über." Doch das ist nicht das richtige Verständnis. Sie sind dasselbe. Wir können nirgendwohin entkommen. Daher sollte in der Aktivität Ruhe und in der Ruhe Aktivität sein. Ruhe und Aktivität sind nicht verschieden.

Jede Existenz hängt von etwas anderem ab. Genau genommen gibt es keine getrennten, individuellen Existenzen. Es gibt nur viele Namen für eine Existenz. Manchmal betonen Menschen die Einheit, aber das ist nicht unser Verständnis. Wir betonen nichts besonders, nicht einmal die Einheit. Einheit ist wertvoll, doch die Vielfalt ist auch wunderbar. Die Vielfalt übersehend, betonen die Menschen die eine absolute Existenz, doch das ist ein einseitiges Verständnis. In diesem Verständnis gibt es zwischen Vielfalt und Einheit eine Kluft. Doch Einheit und Vielfalt sind dasselbe, daher sollte in jeder Existenz die Einheit gewürdigt werden. Das ist der Grund, warum wir eher das alltägliche Leben betonen als einen bestimmten Geisteszustand. Wir sollten in jedem Augenblick und in jeder Erscheinung die Wirklichkeit finden. Das ist ein sehr wichtiger Punkt.

Dogen Zenji sagte: „Obgleich alles Buddha-Natur hat, lieben wir die Blumen und machen uns nichts aus Unkraut". So ist die Natur des Menschen. Doch dass wir an etwas Schönem anhaften, ist selbst Buddhas Aktivität. Und dass wir uns nichts aus Unkraut machen, ist ebenfalls Buddhas Aktivität. Das sollten wir wissen. Wenn ihr das wisst, macht es nichts, an etwas anzuhaften. Wenn es Buddhas Anhaften ist, dann ist es Nicht-Anhaften. Also sollte in der Liebe Hass oder Nicht-Anhaften sein. Und im Hass sollte Liebe oder Annehmen sein. Liebe und Hass sind ein und dasselbe. Wir sollten nicht allein der Liebe anhaften. Wir müssen auch den Hass akzeptieren. Wir sollten Unkraut akzeptieren, egal, was wir dafür empfinden. Wenn ihr euch nichts daraus macht, dann liebt es eben nicht; wenn ihr es liebt, dann liebt es.

Gewöhnlich tadelt ihr euch, dass ihr ungerecht gegen eure Umgebung seid; ihr tadelt eure nicht-akzeptierende Haltung. Doch es gibt einen sehr feinen Unterschied zwischen der üblichen Art des Annehmens und unserer Art, die Dinge anzunehmen, obwohl sie genau gleich erscheinen mögen. Uns wurde gelehrt, dass es keine Kluft zwischen Tag und Nacht, zwischen „du" und „ich" gibt. Das bedeutet Einheit. Aber wir betonen nicht einmal Einheit. Wenn es eins ist, besteht keine Notwendigkeit, eins zu betonen.

Dogen sagte: „Etwas lernen heißt sich selbst erkennen; den Buddhismus studieren heißt sich selbst studieren." Etwas zu lernen heißt nicht, sich etwas anzueignen, das ihr vorher nicht gewusst habt. Ihr wisst etwas, bevor ihr es lernt. Es gibt keine Kluft zwischen dem Ich, bevor ihr etwas erkennt, und dem Ich, nachdem ihr etwas erkannt habt. Zwischen dem Nichtwissenden und dem Weisen gibt es keine Kluft. Ein dummer Mensch ist ein weiser Mensch; ein Weiser ist ein Dummer. Doch gewöhnlich denken wir: „*Er* ist dumm, und *ich* bin weise", oder: „Ich *war* dumm, aber jetzt bin ich klug." Wie können wir klug sein, wenn wir dumm sind? Doch das Verständnis, das uns vom Buddha überliefert wurde, besagt, dass zwischen dem dummen Menschen und dem weisen Menschen nicht der geringste Unterschied besteht. Es ist so. Aber wenn ich das sage, könnten die Leute denken, dass ich die Einheit betone. Das ist nicht so. Wir betonen nichts. Alles, was wir möchten ist, die

Dinge so zu kennen, wie sie sind. Wenn wir die Dinge so kennen, wie sie sind, gibt es nichts, worauf hinzuweisen wäre; man kann nichts ergreifen; es gibt nichts, was ergriffen werden könnte. Wir können auf nichts eine Betonung legen. Nichtsdestoweniger, wie Dogen sagte: „Eine Blüte fällt, obgleich wir sie lieben; und ein Unkraut wächst, obgleich wir es nicht lieben." Obgleich das so ist, ist dies unser Leben.

Auf diese Weise sollten wir unser Leben verstehen. Dann gibt es kein Problem. Weil wir einen bestimmten Punkt betonen, sind wir immer in Schwierigkeiten. Wir sollten die Dinge so akzeptieren, wie sie eben sind. Das ist die Art, wie wir alles verstehen und wie wir in dieser Welt leben. Diese Art von Erfahrung ist jenseits unseres Denkens. Im Reich des Denkens gibt es einen Unterschied zwischen Einheit und Vielfalt, doch in wirklicher Erfahrung sind Vielfalt und Einheit das Gleiche. Weil ihr euch eine Vorstellung von Einheit oder Vielfalt macht, seid ihr in dieser Vorstellung gefangen. Und so müsst ihr das endlose Denken fortsetzen, obwohl eigentlich keine Notwendigkeit zu denken besteht.

Wir haben viele emotionale Probleme, doch diese Probleme sind keine wirklichen Probleme. Sie sind etwas Geschaffenes. Es sind Probleme, auf die unsere selbstbezogenen Vorstellungen oder Ansichten hinweisen. Weil wir auf etwas hinweisen, gibt es Probleme. Doch eigentlich ist es nicht möglich, auf irgendetwas im Besonderen hinzuweisen. Glücklichsein ist Kummer, Kummer ist Glücklichsein. In Schwierigkeiten ist Glück, und im Glück sind Schwierigkeiten. Obwohl wir auf unterschiedliche Weisen empfinden, sind diese nicht wirklich verschieden; in ihrer Essenz sind sie gleich. Das ist das wahre Verständnis, das uns von Buddha überliefert wurde.

INNERE RUHE

Für Zen-Schüler ist Unkraut ein Schatz.

Ein Zen-Gedicht lautet: „Wenn der Wind sich legt, sehe ich eine Blüte fallen. Weil ein Vogel singt, entdecke ich die Ruhe des Berges." Bevor etwas im Reich der Ruhe geschieht, empfinden wir die Ruhe nicht. Erst wenn etwas darin geschieht, finden wir die Ruhe. Ein japanisches Sprichwort besagt: „Für den Mond gibt es die Wolke, für die Blüte gibt es den Wind." Wenn wir einen Teil des Mondes von einer Wolke, einem Baum oder einem hohen Gras verdeckt sehen, fühlen wir, wie rund der Mond ist. Doch wenn wir den klaren Mond sehen, ohne dass ihn etwas verdeckt, empfinden wir diese Rundheit nicht auf die gleiche Weise, wie wir es tun, wenn wir ihn durch etwas anderes sehen.

Wenn ihr Zazen praktiziert, seid ihr innerhalb der vollkommenen Ruhe eures Geistes. Ihr fühlt nichts; ihr sitzt nur. Aber die Ruhe eures Sitzens wird euch in eurem täglichen Leben unterstützen. Tatsächlich werdet ihr den Wert des Zen mehr in eurem täglichen Leben finden als während des Sitzens. Das heißt jedoch nicht, dass ihr Zazen vernachlässigen solltet. Obwohl ihr nichts fühlt, während ihr sitzt, werdet ihr nichts entdecken, wenn ihr diese Zazen-Erfahrung nicht habt. Dann findet ihr in eurem täglichen Leben nur Unkraut oder Bäume oder Wolken, aber den Mond seht ihr nicht. Deshalb beklagt ihr euch ständig über irgendetwas. Doch für den Zen-Schüler ist ein Unkraut, das für die meisten Menschen wertlos ist, ein Schatz. Mit dieser Einstellung wird das Leben, was immer ihr tut, zu einer Kunst.

Wenn ihr Zazen praktiziert, solltet ihr nicht versuchen, etwas zu erreichen. Ihr solltet einfach in der vollkommenen Ruhe eures Geistes sitzen und euch auf nichts stützen. Haltet nur euren Körper aufrecht, ohne zu kippen oder euch anzulehnen. Euren Körper aufrecht halten heißt, von nichts abhängig zu sein. Auf diese Weise erlangt ihr körperlich und geistig vollkommene Ruhe. Doch sich auf etwas zu stützen oder zu versuchen, im Zazen etwas zu tun, ist dualistisch und nicht vollkommene Ruhe.

In unserem täglichen Leben versuchen wir gewöhnlich, irgendetwas zu tun, etwas in etwas anderes zu verwandeln oder irgendetwas zu erreichen. Dieser Versuch ist an sich schon ein Ausdruck unserer wahren Natur. Die Bedeutung liegt in dem Bemühen selbst. Wir sollten die Bedeutung unserer Bemühung herausfinden, bevor wir etwas zu erreichen trachten. Daher sagte Dogen: „Wir sollten Erleuchtung erlangen, bevor wir Erleuchtung erlangen." Wir finden die wahre Bedeutung der Erleuchtung nicht, nachdem wir sie erlangt haben. Das Bemühen, etwas zu tun, ist in sich selbst Erleuchtung. Wenn wir in Schwierigkeiten oder in Not sind, haben wir dort die Erleuchtung. Mitten im Verderben, sollten wir Gelassenheit des Geistes bewahren. Gewöhnlich fällt es uns sehr schwer, in der Vergänglichkeit des Lebens zu leben, aber einzig in der Vergänglichkeit des Lebens können wir die Freude ewigen Lebens finden.

Wenn ihr mit diesem Verständnis weiterpraktiziert, könnt ihr euch vervollkommnen. Aber wenn ihr versucht, etwas ohne dieses Verständnis zu erreichen, könnt ihr nicht richtig daran arbeiten. Dann verliert ihr euch im Kampf um euer Ziel; ihr erreicht nichts und leidet nur weiter an euren Schwierigkeiten. Doch mit dem rechten Verständnis könnt ihr einige Fortschritte machen. Dann ist alles, was ihr tut, auf eure wahre Natur gegründet, auch wenn es nicht perfekt ist, und nach und nach werdet ihr etwas erreichen.

Was ist wichtiger: dass ihr Erleuchtung erlangt oder dass ihr Erleuchtung erlangt, bevor ihr sie erlangt; dass ihr eine Million Dollar macht oder dass ihr euch in eurem Bemühen des Lebens erfreut, in kleinen Schritten, diese Million zu machen; selbst wenn es nicht möglich ist, dass ihr erfolgreich seid oder einen Sinn in dem Bemühen findet, erfolgreich zu sein? Wenn ihr die Antwort nicht wisst, werdet ihr nicht einmal in der Lage sein, Zazen zu praktizieren. Wenn ihr sie aber wisst, habt ihr den wahren Schatz des Lebens gefunden.

Erfahrung, nicht Philosophie

Es liegt etwas Blasphemisches darin, davon zu sprechen, wie vollkommen der Buddhismus als Philosophie oder als Lehre ist, ohne zu wissen, was er wirklich ist.

Obgleich es hierzulande viele Menschen gibt, die am Buddhismus interessiert sind, haben nur wenige Interesse an seiner reinen Form. Die meisten sind am Studium der Lehre oder der Philosophie des Buddhismus interessiert. Im Vergleich mit anderen Religionen wissen sie zu schätzen, wie intellektuell befriedigend der Buddhismus ist. Doch geht es nicht darum, ob der Buddhismus philosophisch tiefgründig oder gut oder vollkommen ist. Unsere Absicht ist es, unsere Praxis in ihrer reinen Form zu erhalten. Manchmal finde ich, es liegt etwas Blasphemisches darin, davon zu sprechen, wie vollkommen der Buddhismus als Philosophie oder als Lehre ist, ohne zu wissen, was er wirklich ist.

Zazen in einer Gruppe zu praktizieren ist das Wichtigste für den Buddhismus – und für uns –, denn diese Praxis ist die ursprüngliche Lebensweise. Ohne den Ursprung der Dinge zu kennen, können wir das Ergebnis der Anstrengung in unserem Leben nicht schätzen. Unser Bemühen muss eine Bedeutung haben. Die Bedeutung unseres Bemühens zu finden heißt, die ursprüngliche Quelle unseres Bemühens zu finden. Wir sollten uns nicht um das Ergebnis unseres Bemühens kümmern, ehe wir seinen Ursprung kennen. Wenn der Ursprung nicht klar und rein ist, wird unser Bemühen nicht rein sein, und sein Ergebnis wird uns nicht befriedigen. Wenn wir unsere ursprüngliche Natur wiedererlangen und uns von diesem Grunde aus unablässig bemühen, werden wir das Ergebnis unseres Bemühens Augenblick für Augenblick, Tag für Tag, Jahr für Jahr würdigen können. So sollten wir unser Leben wertschätzen. Diejenigen, die nur an dem Ergebnis ihrer Bemühung anhaften, haben keine Chance, es zu würdigen, weil das Ergebnis niemals eintrifft. Wenn aber euer Bemühen in jedem Augenblick aus seinem reinen Ursprung aufsteigt, dann ist alles, was ihr tut, gut, und ihr werdet von allem, was ihr tut, befriedigt sein.

Die Praxis von Zazen ist die Praxis, in der wir unsere reine Lebensweise wieder aufnehmen, jenseits aller Vorstellung von Gewinn, jenseits von Ruhm und Profit. Durch die Praxis belassen wir einfach unsere ursprüngliche Natur, wie sie ist. Man muss nicht darüber intellektualisieren, was unsere reine, ursprüngliche Natur ist, denn diese ist jenseits unseres verstandesmäßigen Begreifens. Wir brauchen sie auch nicht zu würdigen, weil sie jenseits dieser Würdigung ist. Also einfach zu sitzen, ohne Vorstellung von Gewinn, mit der reinsten Absicht, so still zu bleiben wie unsere ursprüngliche Natur – das ist unsere Praxis.

Im Zendo gibt es nichts Besonderes. Wir kommen einfach und sitzen. Nachdem wir miteinander in Verbindung waren, gehen wir nach Hause und nehmen unsere alltäglichen Verrichtungen wieder auf, als Fortsetzung unserer reinen Praxis, und freuen uns unserer wahrhaftigen Lebensweise. Dennoch ist das etwas sehr Ungewöhnliches. Überall, wohin ich komme, fragen mich Leute: „Was ist Buddhismus?“ mit gezücktem Notizblock, um meine Antwort aufzuschreiben. Ihr könnt euch vorstellen, wie mir zumute ist! Aber hier praktizieren wir einfach Zazen. Das ist alles, was wir tun, und wir sind glücklich in dieser Praxis. Es besteht für uns keine Notwendigkeit zu verstehen, was Zen ist. Wir praktizieren Zazen. Also müssen wir nicht wissen, was Zen intellektuell ist. Ich glaube, für die amerikanische Gesellschaft ist das etwas sehr Ungewöhnliches.

In Amerika gibt es viele Lebensmuster und viele Religionen, und deshalb mag es ganz natürlich erscheinen, über die Unterschiede zwischen den verschiedenen Religionen zu sprechen und eine mit der anderen zu vergleichen. Doch für uns besteht keine Notwendigkeit, Buddhismus mit Christentum zu vergleichen. Buddhismus ist Buddhismus, und Buddhismus ist unsere Praxis. Wir wissen noch nicht einmal, was wir tun, wenn wir einfach mit reinem Geist praktizieren. Deshalb können wir unseren Weg nicht mit einer anderen Religion vergleichen. Manche Leute mögen sagen, Zen-Buddhismus sei keine Religion. Vielleicht ist es so, oder vielleicht ist Zen-Buddhismus eine Religion vor der Religion. Es könnte sein, dass er keine Religion im üblichen Sinn ist. Aber er ist wundervoll, und wenn wir auch nicht studieren, was er intellektuell ist, wenn wir auch keine Kathedralen und keinen ausgefallenen Zierrat haben, ist es doch möglich, unsere ursprüngliche Natur zu würdigen. Das ist, glaube ich, recht ungewöhnlich.

Ursprünglicher Buddhismus

Eigentlich sind wir überhaupt nicht die Soto-Schule. Wir sind einfach Buddhisten. Wir sind nicht einmal Zen-Buddhisten. Wenn wir das verstehen, sind wir wahrhaft Buddhisten.

Gehen, stehen, sitzen und liegen sind die vier Aktivitäten oder Haltungen im Buddhismus. Zazen ist keine von diesen vier Haltungen, und nach Dogen Zenji ist die Soto-Schule keine der vielen Schulen des Buddhismus. Die chinesische Soto-Schule mag eine der vielen buddhistischen Schulen sein, doch laut Dogen gehörte sein Weg keiner dieser Schulen an. Wenn das so ist, könntet ihr fragen, warum wir die Sitzhaltung betonen oder warum wir betonen, einen Lehrer zu haben. Der Grund ist, dass Zazen keine dieser vier Haltungen ist. Zazen ist eine Praxis, die unzählige Aktivitäten in sich enthält. Zazen begann schon vor Buddha und wird immer fortdauern. Deshalb kann diese Sitzhaltung nicht mit den anderen vier Aktivitäten verglichen werden.

Gewöhnlich betonen die Menschen eine bestimmte Haltung oder ein bestimmtes Verständnis des Buddhismus und denken: „Das ist Buddhismus!" Doch wir können unseren Weg nicht mit den Praktiken vergleichen, wie die Menschen sie normalerweise verstehen. Unsere Lehre kann nicht mit anderen Lehren des Buddhismus verglichen werden. Deshalb sollten wir einen Lehrer haben, der sich an kein bestimmtes Verständnis des Buddhismus gebunden hat. Die ursprüngliche Lehre Buddhas schließt alle unterschiedlichen Schulen ein. Als Buddhisten sollten wir uns in der überlieferten Weise bemühen wie der Buddha: Das heißt, wir sollten keiner besonderen Schule oder Lehre anhängen. Doch wenn wir keinen Lehrer haben und wenn wir stolz sind auf unser eigenes Verständnis, geht uns gewöhnlich der ursprüngliche Charakter von Buddhas Lehre, die alle verschiedenen Lehren in sich enthält, verloren.

Weil der Buddha der Begründer der Lehre war, nannten die Menschen seine Lehre versuchsweise „Buddhismus“, doch tatsächlich ist der Buddhismus keine besondere Lehre. Buddhismus ist einfach *Wahrheit*, die verschiedene Wahrheiten in sich enthält. Zazen-Praxis ist die Praxis, die die verschiedenen Aktivitäten des Lebens in sich einschließt. Deshalb betonen wir nicht nur die Sitzhaltung. Wie man sitzt, so handelt man. Wie man handelt, studieren wir durch das Sitzen, und dies ist unsere grundlegende Aktivität oder Handlung. Darum praktizieren wir Zazen auf diese Weise. Obwohl wir Zazen praktizieren, sollten wir uns nicht die Zen-Schule nennen. Wir praktizieren einfach Zazen, und nehmen uns den Buddha zum Vorbild; deshalb praktizieren wir. Der Buddha lehrte uns, durch unsere Praxis zu handeln; deshalb sitzen wir.

Etwas tun und in jedem Augenblick leben bedeutet, die zeitliche Aktivität Buddhas zu sein. Auf diese Weise sitzen heißt, Buddha selbst zu sein, zu sein wie der historische Buddha war. Das Gleiche gilt für alles, was wir tun. Alles ist Buddhas Aktivität. Was immer ihr auch tut, selbst wenn ihr darauf verzichtet, etwas zu tun, in dieser Aktivität ist Buddha. Weil die Menschen dieses Verständnis von Buddha nicht haben, halten sie, was sie tun, für das Allerwichtigste und wissen nicht, wer es ist, der dies eigentlich tut. Die Menschen glauben, dass sie dies oder jenes tun, aber in Wirklichkeit ist alles das Tun Buddhas. Jeder von uns hat seinen eigenen Namen, doch diese Namen sind nur die vielen Namen des einen Buddha. Jeder von uns übt zahlreiche Aktivitäten aus, doch alle diese Aktivitäten sind Buddhas Aktivitäten. Das wissen die Menschen nicht und betonen daher bestimmte Aktivitäten. Wenn sie Zazen betonen, ist es nicht das wahre Zazen. Es sieht so aus, als säßen sie in derselben Weise wie der Buddha, aber es gibt einen großen Unterschied in ihrem Verständnis unserer Praxis. Sie verstehen diese Sitzhaltung einfach als eine der vier Grundhaltungen des Menschen und denken: „Jetzt nehme ich diese Haltung ein.“ Doch Zazen ist *alle* Haltungen, und jede Haltung ist Buddhas Haltung. Dieses Verständnis ist das rechte Verständnis der Zazen-Haltung. Wenn ihr auf diese Weise praktiziert, ist das Buddhismus. Das ist sehr, sehr wichtig.

Dogen bezeichnete sich also nicht als einen Soto-Lehrer oder einen Soto-Schüler. Er sagte: „Andere mögen uns Soto-Schule nennen, aber es gibt für uns keinen Grund, uns Soto zu nennen. Ihr solltet nicht einmal den Namen Soto verwenden.“ Keine Schule sollte sich als separate Schule betrachten. Sie sollte nur eine versuchsweise Form des Buddhismus sein. Doch solange die verschiedenen Schulen diese Auffassung nicht akzeptieren, solange sie sich weiterhin bei ihren verschiedenen Namen nennen, müssen wir den versuchsweisen Namen Soto nehmen. Doch ich möchte diesen Punkt klar machen: In Wirklichkeit sind wir ganz und gar nicht die Soto-Schule. Wir sind einfach Buddhisten. Wir sind nicht einmal Zen-Buddhisten; wir sind einfach nur Buddhisten. Wenn wir das verstehen, sind wir wahrhaft Buddhisten.

Buddhas Lehre ist überall. Heute regnet es. Das ist Buddhas Lehre. Die Leute denken, ihr eigener Weg oder ihr eigenes religiöses Verständnis sei Buddhas Weg, ohne zu wissen, was sie hören oder was sie tun oder wo sie sind. Religion ist keine besondere Lehre. Religion ist überall. So müssen wir unsere Lehre verstehen. Vergessen wir alles über eine besondere Lehre; fragen wir nicht danach, welche gut oder schlecht ist. Es sollte keine besondere Lehre geben. Lehre ist in jedem Augenblick, in jedem Sein. Das ist die wahre Lehre.

JENSEITS DES BEWUSSTSEINS

Den reinen Geist in der Täuschung erkennen ist Praxis. Wenn ihr versucht, die Täuschung zu vertreiben, wird sie sich nur umso hartnäckiger halten. Sagt einfach: „Ach, das ist bloß Täuschung", und lasst euch nicht davon irritieren.

Wir sollten unsere Praxis dort errichten, wo es keine Praxis und keine Erleuchtung gibt. Solange wir Zazen in einem Bereich praktizieren, in dem es Praxis und Erleuchtung gibt, ist es unmöglich, vollkommenen Frieden für uns selbst entstehen zu lassen. Mit anderen Worten, wir müssen einen festen Glauben an unsere wahre Natur haben. Unsere wahre Natur ist jenseits unserer bewussten Erfahrung. Nur in unserer bewussten Erfahrung finden wir Praxis und Erleuchtung oder Gut und Böse. Doch ob wir eine Erfahrung unserer wahren Natur haben oder nicht, was jenseits des Bewusstseins existiert, existiert tatsächlich, und dort müssen wir die Grundlage für unsere Praxis legen.

Sogar etwas Gutes im Kopf zu haben ist gar nicht so gut. Der Buddha sagte manchmal: „So solltet ihr sein. So solltet ihr nicht sein." Aber es ist nicht gut, seine Worte im Geist mit sich rumzutragen. Es ist eine Art Bürde für euch, und ihr fühlt euch vermutlich gar nicht so wohl dabei. Es kann sogar tatsächlich besser sein, etwas Übles zu wollen, als eine Vorstellung im Geiste zu haben, was gut ist oder was ihr tun solltet. Ein bisschen Schalk und Boshaftigkeit ist manchmal sehr angenehm. Das ist wahr. Tatsächlich geht es gar nicht um Gut und Böse. Es geht darum, ob ihr euch selbst friedvoll macht und ob ihr dabei bleibt oder nicht.

Wenn etwas in eurem Bewusstsein ist, dann habt ihr nicht vollkommene Gelassenheit. Der beste Weg zu vollkommener Gelassenheit ist, alles zu vergessen. Dann ist euer Geist ruhig, und er ist weit und klar genug, um die Dinge ohne Anstrengung so zu sehen und zu fühlen, wie sie sind. Die beste Art, vollkommene Gelassenheit zu finden, besteht darin, keine Vorstellung von den Dingen, welche immer es auch sein mögen, im Gedächtnis zu behalten, sondern alles von ihnen zu vergessen und keine Spur oder keinen Schatten des Denkens zurückzulassen. Wenn ihr jedoch versucht, euren Geist anzuhalten oder über eure bewusste Aktivität hinauszugehen, wird das nur eine weitere Bürde für euch sein. „Ich muss meinen Geist in meiner Praxis anhalten, aber ich kann es nicht. Meine Praxis ist nicht gut." Diese Art von Vorstellung ist auch die falsche Art zu praktizieren. Versucht nicht, euren Geist anzuhalten, sondern lasst alles, wie es ist. Dann werden die Dinge nicht so lange in eurem Geist bleiben. Die Dinge werden kommen, wie sie kommen, und gehen, wie sie gehen. Dann wird mit der Zeit euer klarer, leerer Geist ziemlich lange bestehen bleiben.

Das Allerwichtigste in eurer Praxis ist eine feste Überzeugung von der ursprünglichen Leerheit eures Geistes. In buddhistischen Schriften verwenden wir oft gewaltige Analogien, wenn wir versuchen, den leeren Geist zu beschreiben. Manchmal verwenden wir eine astronomisch große Zahl, die jenseits des Zählbaren ist. Das heißt, dass wir alles Berechnen aufgeben müssen. Wenn sie so groß ist, dass ihr sie nicht zählen könnt, verliert ihr euer Interesse daran und gebt schließlich auf. Diese Art der Beschreibung weckt aber vielleicht ein Interesse an der unzählbaren Zahl, das euch hilft, das Denken eures kleinen Geistes anzuhalten.

Doch wenn ihr Zazen praktiziert, werdet ihr die reinste, echte Erfahrung des geistigen Zustands der Leerheit haben. Tatsächlich ist die Leerheit des Geistes nicht einmal ein Geisteszustand, sondern die ursprüngliche Essenz des Geistes, wie der Buddha und der Sechste Patriarch sie erfahren haben. „Essenz des Geistes", „ursprünglicher Geist", „ursprüngliches Gesicht", „Buddha-Natur", „Leerheit" – all diese Worte bedeuten die absolute Ruhe unseres Geistes.

Ihr wisst, wie man körperlich ausruht, aber wie man geistig ausruht, wisst ihr nicht. Selbst wenn ihr im Bett liegt, ist euer Geist noch immer beschäftigt; selbst wenn ihr schlaft, ist euer Geist damit beschäftigt zu träumen. Euer Geist ist immer in intensiver Aktivität. Das ist nicht so gut. Wir sollten wissen, wie wir unseren denkenden Geist, unseren geschäftigen Geist aufgeben können. Um jenseits unseres Denkvermögens zu gelangen, müsst ihr eine feste Überzeugung von der Leerheit eures Geistes haben. Im festen Glauben an die vollkommene Ruhe unseres Geistes werden wir unseren reinen, ursprünglichen Zustand wiedergewinnen.

Dogen Zenji sagte: „Ihr solltet eure Praxis inmitten eurer Täuschung errichten.“ Obwohl ihr meint, in der Täuschung zu sein, ist euer reiner Geist da. Den reinen Geist in der Täuschung zu verwirklichen, das ist Praxis. Wenn ihr in eurer Täuschung reinen Geist, Geistessenz, habt, wird die Täuschung verschwinden. Sie kann nicht bleiben, wenn ihr sagt: „Das ist Täuschung!“ Sie wird sehr beschämt sein. Sie wird davonlaufen. Deshalb solltet ihr eure Praxis in eurer Täuschung errichten. In Täuschung sein ist also Praxis. Das heißt Erleuchtung erlangen, bevor man sie erkennt. Obwohl ihr sie nicht erkennt, habt ihr sie. Wenn ihr also sagt: „Das ist Täuschung“, dann ist das in Wirklichkeit die Erleuchtung. Wenn ihr versucht, die Täuschung zu vertreiben, wird sie sich nur umso zäher halten, und euer Geist wird in dem Versuch, mit ihr fertigzuwerden, immer geschäftiger und geschäftiger werden. Das ist nicht so gut. Sagt einfach: „Ach, das ist nur Täuschung“, und lasst euch nicht davon irritieren. Wenn ihr die Täuschung einfach beobachtet, habt ihr euren wahren Geist, euren ruhigen, friedvollen Geist. Wenn ihr die Täuschung in den Griff bekommen wollt, werdet ihr euch in sie verstricken.

Ob ihr nun Erleuchtung erlangt oder nicht, einfach Zazen zu praktizieren ist genug. Wenn ihr versucht, Erleuchtung zu erlangen, ist das eine schwere Bürde für euren Geist. Euer Geist wird dann nicht klar genug sein, um die Dinge zu sehen, wie sie sind. Wenn ihr die Dinge wahrhaft seht, wie sie sind, dann seht ihr sie, wie sie sein sollten. Auf der einen Seite sollten wir Erleuchtung erlangen – so sollte es sein –, doch auf der anderen Seite ist das in Wirklichkeit ziemlich schwierig, solange wir körperliche Wesen sind. So stehen die Dinge in diesem Augenblick. Doch wenn wir zu sitzen beginnen, treten beide Seiten unseres Wesens hervor, und dann sehen wir die Dinge, wie sie sind, als auch, wie sie sein sollten. Da wir jetzt nicht gut sind, möchten wir gerne besser sein, doch wenn wir den transzendenten Geist erlangen, gehen wir über die Dinge, wie sie sind und wie sie sein sollten, hinaus. In der Leerheit unseres ursprünglichen Geistes sind sie eins, und darin finden wir unsere vollständige innere Gelassenheit.

Für gewöhnlich entwickeln, sich Religionen auf der Ebene des Bewusstseins, mit dem Bestreben, ihre Organisation zu verbessern, schöne Gebäude zu errichten, Musik zu erschaffen, eine Philosophie zu entwickeln usw. Das sind religiöse Aktivitäten in der bewussten Welt. Der Buddhismus jedoch betont die unbewusste Welt. Die beste Art, den Buddhismus zu entwickeln, ist, Zazen zu praktizieren – einfach zu sitzen, mit der festen Überzeugung von unserer wahren Natur. Dieser Weg ist viel besser als Bücher zu lesen oder die Philosophie des Buddhismus zu studieren. Natürlich ist es nötig, auch die Philosophie zu studieren – sie wird eure Überzeugung stärken. Buddhistische Philosophie ist so universell und logisch, dass sie nicht nur die Philosophie des Buddhismus, sondern des Lebens selbst ist. Die buddhistische Lehre verweist auf das Leben selbst, das jenseits des Bewusstseins in unserem reinen, ursprünglichen Geist existiert. Die gesamten buddhistischen Formen der Praxis wurden geschaffen, um diese wahrhaftige Lehre zu schützen, nicht um den Buddhismus auf eine wunderbare mystische Weise zu propagieren. Wenn wir daher über Religion sprechen, sollte dies in der alltäglichsten und umfassendsten Weise geschehen. Wir sollten nicht versuchen, unseren Weg mit wunderbaren philosophischen Gedanken anzupreisen. In mancher Hinsicht ist der Buddhismus ziemlich polemisch, mit einem Hauch von Streitbarkeit, weil der Buddhist seinen Weg vor mystischen oder magischen Deutungen der Religion schützen muss. Die philosophische Diskussion ist jedoch nicht der beste Weg, um den Buddhismus zu verstehen. Wenn ihr redliche Buddhisten sein wollt, ist der beste Weg zu sitzen. Wir haben großes Glück, dass wir einen Ort haben, wo wir auf diese Weise sitzen können. Ich möchte, dass ihr eine feste, weite, unerschütterliche innere Gewissheit von eurem Zazen des reinen Sitzens habt. Nur sitzen, das ist genug.

Buddhas Erleuchtung

Wenn ihr stolz seid auf das, was ihr erlangt habt, oder infolge einer idealistischen Anstrengung entmutigt seid, wird eure Praxis euch hinter einer dicken Mauer gefangen halten.

Ich freue mich sehr, dass ich hier sein kann an dem Tag, an dem der Buddha unter dem Bo-Baum Erleuchtung erlangte. Als er unter dem Bo-Baum Erleuchtung erlangte, sagte er: „Es ist wunderbar, Buddha-Natur in allem und in jedem Einzelnen zu sehen." Was er meinte, war, dass wir Buddha-Natur haben, wenn wir Zazen praktizieren, und dass jeder von uns der Buddha selbst ist. Unter Praxis verstand er nicht, bloß unter dem Bo-Baum zu sitzen oder mit gekreuzten Beinen zu sitzen. Es ist richtig, dass diese Haltung der grundlegende oder der ursprüngliche Weg für uns ist, aber was der Buddha eigentlich meinte war, dass Berge, Bäume, fließendes Wasser, Blumen und Pflanzen – alles, so wie es ist – so wie Buddha sind. Das heißt, dass alles die Aktivität Buddhas annimmt, jedes Ding auf seine Weise.

Doch die Art, wie jedes Ding existiert, ist nicht durch dieses selbst, in dessen eigenem Bewusstseinsbereich, zu verstehen. Was wir sehen oder was wir hören, ist nur ein Teil oder eine beschränkte Vorstellung von dem, was wir in Wirklichkeit sind. Doch wenn wir einfach nur sind – jeder auf seine eigene Art existierend –, dann bringen wir Buddha selbst zum Ausdruck. Mit anderen Worten, wenn wir etwas praktizieren wie Zazen, dann ist der Weg des Buddha oder Buddha-Natur da. Wenn wir fragen, was Buddha-Natur ist, verschwindet sie; aber wenn wir einfach Zazen praktizieren, haben wir ein vollkommenes Verständnis dessen. Der einzige Weg, Buddha-Natur zu verstehen, ist, Zazen zu praktizieren, einfach hier zu sein, wie wir sind. So meinte der Buddha mit Buddha-Natur, da zu sein, so wie er, jenseits des Bewusstseinsbereiches.

Buddha-Natur ist unsere ursprüngliche Natur. Wir haben sie,

bevor wir Zazen praktizieren und bevor wir sie mit unserem Bewusstsein anerkennen. In diesem Sinne ist daher alles, was wir tun, Buddhas Aktivität. Wenn ihr das verstehen wollt, könnt ihr es nicht verstehen. Wenn ihr aufgebt, es verstehen zu wollen, dann ist immer ein wahres Verstehen da. Gewöhnlich halte ich nach dem Zazen einen Vortrag, aber der Grund, warum die Leute kommen, ist nicht nur, weil sie meinen Vortrag hören wollen, sondern um Zazen zu praktizieren. Das sollten wir nie vergessen. Ich spreche, um euch zu ermutigen, Zazen auf Buddhas Weise zu praktizieren. Wenn ihr die Vorstellung habt, Zazen zu praktizieren oder nicht zu praktizieren, oder wenn ihr nicht zugeben könnt, dass ihr Buddha seid, dann sagen wir, dass ihr weder Buddha-Natur noch Zazen versteht, obwohl ihr Buddha-Natur habt. Doch wenn ihr auf die gleiche Weise Zazen praktiziert wie der Buddha, werdet ihr verstehen, was unser Weg ist. Wir reden nicht so viel, aber durch unsere Aktivität kommunizieren wir miteinander, absichtlich oder unabsichtlich. Wir sollten immer wach genug sein, um mit oder ohne Worte miteinander zu kommunizieren. Wenn dies verloren geht, dann verlieren wir das Allerwichtigste des Buddhismus.

Wohin wir auch gehen, diese Lebensweise sollten wir nicht verlieren. Das nennt man „Buddha sein“ oder „der Boss sein“. Wohin ihr auch geht, ihr solltet der Meister eurer Umgebung sein. Das heißt, ihr dürft euren Weg nicht verlieren. Das also wird Buddha genannt, denn wenn ihr immer auf diese Weise lebt, seid ihr Buddha selbst. Ohne zu versuchen, Buddha zu sein, seid ihr Buddha. Auf diese Weise erlangen wir Erleuchtung. Erleuchtung erlangen heißt, immer mit Buddha sein. Indem wir immerfort die gleiche Sache wiederholen, erwerben wir diese Art von Verständnis. Doch wenn ihr dies verliert und stolz seid auf das, was ihr erlangt habt, oder wenn ihr infolge eurer idealistischen Anstrengung entmutigt seid, wird eure Praxis euch hinter einer dicken Mauer gefangen halten. Wir sollten uns nicht selbst hinter einer selbstgebauten Mauer einsperren. Wenn also die Zeit für Zazen gekommen ist, einfach aufstehen, hingehen, mit eurem Lehrer sitzen, ihm zuhören und mit ihm sprechen. Dann wieder nach Hause gehen – all diese Handlungsweisen sind unsere Praxis. Auf diese Weise, ohne eine Vorstellung des Erreichens, seid ihr immer Buddha. Das ist wahre Praxis des Zazen. Dann könnt ihr die wahre Bedeutung der ersten Äußerung Buddhas verstehen: „Sieh die Buddha-Natur in den verschiedenen Wesen und in jedem von uns."

EPILOG

ZEN-GEIST

Ehe der Regen aufhört, hören wir einen Vogel.
Selbst unter dem tiefen Schnee sehen wir Schneeglöckchen
und neues Wachstum.

Hier in Amerika können wir den Zen-Buddhismus nicht so definieren wie in Japan. Amerikanische Zen-Schüler sind keine Priester und dennoch keine richtigen Laien. Das verstehe ich so: Dass ihr keine Priester seid, ist einfach, aber dass ihr streng genommen keine Laien seid, ist schwieriger. Ich glaube, ihr seid besondere Menschen und braucht eine besondere Praxis, die nicht genau die Praxis eines Priesters ist und nicht genau die eines Laien. Ihr seid dabei, einen dem entsprechenden Lebensweg zu finden. Ich glaube, das ist unsere Zen-Gemeinschaft, unsere Gruppe.

Aber wir müssen auch wissen, was unser ungeteilter, ursprünglicher Weg ist und was Dogens Praxis ist. Dogen Zenji sagte, dass einige Menschen Erleuchtung erlangen und andere nicht. Das ist ein Punkt, der mich sehr interessiert. Obwohl wir alle die gleiche grundlegende Praxis haben, die wir in der gleichen Weise ausüben, werden einige Erleuchtung erlangen und andere nicht. Das bedeutet: Wenn wir in der rechten Weise, mit der rechten Einstellung und dem rechten Verständnis der Praxis sitzen, so ist dies Zen, auch wenn wir keine Erfahrung der Erleuchtung haben. Die Hauptsache ist, ernsthaft zu praktizieren, und als innere Einstellung ist es wichtig, den großen Geist zu verstehen und Vertrauen in ihn zu haben.

Wir sagen „großer Geist“ oder „kleiner Geist“ oder „Buddha-Geist“ oder „Zen-Geist“, und diese Worte bedeuten etwas, wisst ihr, aber wir können und sollten sie nicht im Sinne von Erfahrung zu verstehen suchen und sollten auch nicht danach streben. Wir sprechen von Erleuchtungserfahrung, doch das ist keine Erfahrung, die wir im Sinne von gut oder schlecht, Zeit oder Raum, Vergangenheit oder Zukunft haben werden. Es ist Erfahrung oder Bewusstsein jenseits dieser Unterscheidungen oder Gefühle. Daher sollten wir nicht fragen: „Was ist Erleuchtungserfahrung?" Diese Art von Frage bedeutet, dass ihr nicht wisst, was Zen-Erfahrung ist. Mit der gewöhnlichen Art zu denken kann Erleuchtung nicht erfasst werden. Wenn ihr nicht in diese Art zu denken verstrickt seid, habt ihr eine Chance zu verstehen, was Zen-Erfahrung ist.

Der große Geist, in den ihr Vertrauen haben müsst, ist nicht etwas, das ihr objektiv erfahren könnt. Er ist etwas, das immer mit euch ist, immer auf eurer Seite ist. Eure Augen sind auf eurer Seite, denn ihr könnt eure Augen nicht sehen, und eure Augen können sich selbst nicht sehen. Die Augen sehen bloß Dinge außerhalb, objektive Dinge. Wenn ihr über euch selbst reflektiert, ist dieses Selbst nicht mehr euer wahres Selbst. Ihr könnt euch nicht als eine objektive Sache projizieren, über die man nachdenkt. Der Geist, der immer auf eurer Seite ist, ist nicht nur euer Geist, er ist der universale Geist, immer derselbe, nicht verschieden vom Geist eines anderen. Das ist Zen-Geist. Das ist der große, große Geist. Dieser Geist ist alles, was ihr seht. Euer wahrer Geist ist immer mit dem, was ihr seht. Wenngleich ihr euren eigenen Geist nicht kennt, er ist da – im selben Augenblick, in dem ihr etwas seht, ist er da. Das ist sehr interessant. Euer Geist ist immer mit den Dingen, die ihr beobachtet. Ihr seht, dieser Geist ist gleichzeitig alles.

Wahrer Geist ist ein Acht gebender Geist. Ihr könnt nicht sagen: „Dies ist mein Selbst, mein kleiner oder begrenzter Geist, und das ist der große Geist." Das hieße, euch Grenzen zu setzen, euren wahren Geist einzuschränken, euren Geist zu objektivieren. Bodhidharma sagte: „Um einen Fisch zu sehen, musst du auf das Wasser Acht geben." In der Tat, wenn ihr Wasser seht, dann seht ihr den wahren Fisch. Ehe ihr Buddha-Natur seht, gebt ihr Acht auf euren Geist. Wenn ihr das Wasser seht, ist wahre Natur da. Wahre Natur ist, auf das Wasser Acht zu geben. Wenn ihr sagt: „Mein Zazen ist sehr schlecht", habt ihr die wahre Natur, aber dummerweise wird es euch nicht klar. Ihr überseht es absichtlich. Das „Ich", mit dem ihr auf euren Geist Acht gebt, ist von enormer Bedeutung. Es ist nicht das „große Ich", sondern das „Ich", das unaufhörlich aktiv ist, das immer durch den unermesslichen Luftraum schwimmt und mit seinen Flügeln darin herumflattert. Mit Flügeln meine ich Denken und Aktivität. Der unermessliche Himmel ist das Zuhause, mein Zuhause. Dort ist kein Vogel, keine Luft. Wenn der Fisch schwimmt, sind Wasser und Fisch der Fisch. Es ist nichts da als der Fisch. Versteht ihr? Ihr könnt die Buddha-Natur nicht durch Vivisektion finden. Die Wirklichkeit kann nicht vom denkenden oder fühlenden Geist eingefangen werden. Augenblick für Augenblick auf euren Atem Acht zu geben, auf eure Sitzhaltung Acht zu geben, das ist wahre Natur. Jenseits davon gibt es kein Geheimnis.

Wir Buddhisten haben keine Vorstellung von bloßer Materie oder von bloßem Geist, von den Erzeugnissen unseres Geistes oder von Geist als einer Eigenart des Seins. Wovon wir immer sprechen, ist, dass Geist und Körper, Geist und Materie stets eins sind. Doch wenn ihr unachtsam zuhört, klingt es so, als würden wir von einer Eigenart des Seins oder von „materiell" oder „spirituell" sprechen. Das kann möglicherweise so verstanden werden. Aber tatsächlich deuten wir auf den Geist, der immer auf dieser Seite ist, der wahrer Geist ist. Erleuchtungserfahrung bedeutet, diesen Geist, der immer mit uns ist und den wir nicht sehen können, ausfindig zu machen, zu verstehen, zu verwirklichen. Versteht ihr? Wenn ihr versucht, Erleuchtung zu erlangen, wie wenn ihr einen hellen Stern am Himmel seht, wird das wundervoll sein, und ihr denkt vielleicht: „Ah, das ist Erleuchtung!", aber das ist nicht Erleuchtung. Ein solches Verständnis ist buchstäblich Ketzerei. Auch wenn ihr es nicht wisst, in diesem Verständnis habt ihr nur die Vorstellung von Stofflichkeit. Dutzende eurer Erleuchtungserlebnisse sind so – etwas rein Stoffliches, ein Objekt eures Denkens, als hättet ihr durch gute Praxis diesen hellen Stern gefunden. Das ist die Vorstellung von

Selbst und Objekt. Das ist nicht der Weg, nach Erleuchtung zu streben.

Die Zen-Schule ist auf unsere wahre Natur gegründet, auf unseren wahren Geist gegründet, wie er in der Praxis ausgedrückt und verwirklicht wird. Zen hängt nicht von einer bestimmten Lehre ab, noch ersetzt es Praxis durch Lehre. Wir praktizieren Zazen, um unsere wahre Natur auszudrücken, nicht um Erleuchtung zu erlangen. Bodhidharmas Buddhismus ist Praxis *sein*, Erleuchtung *sein*. Anfänglich mag dies eine Art Glauben sein, aber später ist es etwas, das der Schüler fühlt oder bereits hat. Körperliche Praxis und Regeln sind nicht so leicht zu verstehen, vielleicht besonders für Amerikaner nicht. Ihr habt eine Vorstellung von Freiheit, die sich vor allem auf körperliche Freiheit, auf die Freiheit des Handelns bezieht. Diese Vorstellung führt euch zu geistigem Leiden und zum Verlust von Freiheit. Ihr denkt, ihr solltet euer Denken einschränken, ihr meint, euer Denken sei zum Teil unnötig oder quälend oder verwirrend, aber ihr denkt nicht daran, eure körperliche Aktivität einzuschränken. Aus diesem Grund führte Hyakujo die Regeln und die Lebensweise von Zen in China ein. Es ging ihm darum, die Freiheit des wahren Geistes auszudrücken und zu übertragen. Zen-Geist wird in unsere Zen-Lebensweise übertragen auf der Grundlage von Hyakujos Regeln.

Ich glaube, als Gruppe und als Zen-Schüler in Amerika brauchen wir eine natürliche Lebensweise, und so wie Hyakujo unsere Art des monastischen Lebens in China einführte, meine ich, dass wir eine amerikanische Art des Zen-Lebens begründen müssen. Ich sage das nicht im Spaß, ich meine es ziemlich ernst. Ich möchte aber auch nicht zu ernst sein. Wenn wir allzu ernst werden, verlieren wir unseren Weg. Wenn wir nur Spiele spielen, verlieren wir auch unseren Weg. Nach und nach, mit Geduld und Ausdauer, müssen wir unseren eigenen Weg finden, müssen wir herausfinden, wie wir mit uns selbst und miteinander leben können. Auf diese Weise werden wir unsere Regeln finden. Wenn wir ernsthaft praktizieren, uns auf Zazen konzentrieren und unser Leben so organisieren, dass wir gut sitzen können, werden wir herausfinden, was wir tun sollten. Aber ihr müsst vorsichtig sein, bei den Regeln und dem Weg, den ihr einführt. Wenn er zu streng ist, werdet ihr scheitern, und wenn er zu locker ist, werden die Regeln nicht funktionieren. Unser Weg sollte strikt genug sein, um Autorität zu haben, eine Autorität, der jeder folgen sollte. Die Regeln müssen erfüllbar sein. Auf diese Weise wurde die Zen-Tradition aufgebaut, nach und nach beschlossen, in unserer Praxis von uns geschaffen. Wir können nichts erzwingen. Doch wenn die Regeln einmal beschlossen sind, sollten wir sie vollkommen einhalten, bis sie geändert werden. Es ist nicht eine Frage von gut oder schlecht, angenehm oder unangenehm. Ihr befolgt sie einfach, ohne lange zu fragen. Auf diese Weise ist euer Geist frei. Wichtig ist, dass ihr eure Regeln ohne Unterscheidung befolgt. Auf diese Weise lernt ihr den reinen Zen-Geist kennen. Unsere eigene Lebensweise zu haben heißt, dass wir Menschen ermutigen, auf eine spirituellere und angemessenere Weise als Menschen zu leben. Und ich glaube, eines Tages werdet ihr im Westen eure eigene Zen-Praxis haben.

Der einzige Weg, den reinen Geist zu studieren, ist durch die Praxis. Unsere innerste Natur möchte ein Medium, eine Weise, sich selbst auszudrücken und zu verwirklichen. Wir antworten auf dieses innerste Bedürfnis mit unseren Regeln, und ein Patriarch nach dem anderen zeigt uns seinen wahren Geist. Auf diese Weise kommen wir zu einem genauen, tiefen Verständnis der Praxis. Wir müssen mehr Praxiserfahrung haben. Wir müssen wenigstens eine *gewisse* Erleuchtungserfahrung haben. Ihr müsst Vertrauen in den großen Geist setzen, der immer mit euch ist. Ihr solltet fähig sein, die Dinge als Ausdruck des großen Geistes zu würdigen. Das ist mehr als Glaube. Das ist die letztendliche Wahrheit, die ihr nicht zurückweisen könnt. Ob schwer oder leicht zu praktizieren, schwer oder leicht zu verstehen, ihr könnt sie nur praktizieren. Ob ihr Priester oder Laien seid, ist dabei unwichtig. Euch selbst zu entdecken als jemanden, der etwas tut, ist das Entscheidende – euer tatsächliches Sein wiederzugewinnen durch Praxis, das „Ich" wiederzugewinnen, das immer mit allem ist, das mit Buddha ist, das von allem vollständig getragen wird. Jetzt! Ihr werdet vielleicht sagen, dass das unmöglich ist. Aber es ist möglich! In einem einzigen Augenblick könnt ihr es tun! Es ist in diesem Augenblick möglich! Es ist dieser Augenblick! Dass ihr es in diesem Augenblick tun könnt, heißt, dass ihr es immer tun könnt. Wenn ihr also dieses Vertrauen habt, dann ist das eure Erleuchtungserfahrung. Wenn ihr dieses starke Vertrauen in euren großen Geist habt, seid ihr schon Buddhisten im wahren Sinne, selbst wenn ihr nicht Erleuchtung erlangt.

Deshalb sagte Dogen Zenji: „Erwartet nicht, dass alle, die Zazen praktizieren, Erleuchtung erlangen über diesen Geist, der immer mit uns ist." Er meinte, wenn ihr denkt, dass der große Geist irgendwo außerhalb von euch selbst ist, außerhalb von eurer Praxis, dann ist das ein Fehler. Der große Geist ist immer mit uns. Das ist der Grund, warum ich die gleiche Sache immer und immer wiederhole, wenn ich denke, dass ihr nicht versteht. Zen ist nicht nur für diejenigen, die ihre Beine kreuzen können, oder für Menschen mit großer spiritueller Begabung da. Jeder hat Buddha-Natur. Jeder Einzelne von uns muss einen Weg finden, unsere wahre Natur zu verwirklichen. Der Zweck der Praxis ist, die Buddha-Natur, die jeder hat, direkt zu erfahren. Was immer ihr tut, sollte die unmittelbare Erfahrung der Buddha-Natur sein. Buddha-Natur heißt, der Buddha-Natur gewahr zu sein. Euer Bemühen sollte sich darauf ausrichten, alle fühlenden Wesen zu retten. Wenn meine Worte nicht gut genug sind, werde ich euch schlagen! Dann werdet ihr verstehen, was ich meine. Und wenn ihr mich jetzt nicht versteht, eines Tages werdet ihr mich verstehen. Eines Tages wird jemand verstehen. Ich werde auf die Insel warten, von der man mir sagte, dass sie sich von Los Angeles langsam die Küste nach Seattle hinaufbewegt.

Ich habe das Gefühl, dass Amerikaner, besonders junge Amerikaner, eine großartige Gelegenheit haben, die wahre Lebensweise für Menschen herauszufinden. Ihr seid nicht sehr an materielle Dinge gebunden und beginnt die Zen-Praxis mit einem ganz reinen Geist, dem Anfänger-Geist. Ihr könnt Buddhas Lehren genau so verstehen, wie er sie meinte. Aber wir dürfen weder an Amerika noch am Buddhismus, nicht einmal an unserer Praxis anhaften. Wir müssen einen Anfänger-Geist haben, frei von jedem Besitz, einen Geist, der weiß, dass alles sich in fließendem Wandel befindet. Nichts existiert in seiner gegenwärtigen Form oder Farbe außer in diesem Augenblick. Ein Ding fließt in ein anderes über und kann nicht festgehalten werden. Ehe der Regen aufhört, hören wir einen Vogel. Selbst unter dem tiefen Schnee sehen wir Schneeglöckchen und neues Wachstum. Im Osten sah ich schon Rhabarber. In Japan essen wir im Frühling Gurken.